THORSTEN PÖTZSCH

Die rechtliche Einheit von Hardware und Software

Schriften zum Bürgerlichen Recht

Band 140

Die rechtliche Einheit
von Hardware und Software

Von

Thorsten Pötzsch

Duncker & Humblot · Berlin

Die Deutsche Bibliothek – CIP-Einheitsaufnahme

Pötzsch, Thorsten:
Die rechtliche Einheit von Hardware und Software / von
Thorsten Pötzsch. – Berlin: Duncker und Humblot, 1991
  (Schriften zum Bürgerlichen Recht; Bd. 140)
  Zugl.: München, Univ., Diss., 1990
  ISBN 3-428-07145-X
NE: GT

Alle Rechte vorbehalten
© 1991 Duncker & Humblot GmbH, Berlin 41
Fotoprint: Werner Hildebrand, Berlin 65
Printed in Germany

ISSN 0720-7387
ISBN 3-428-07145-X

*Meiner Mutter
und dem Andenken
meines Vaters*

Vorwort

Die Arbeit hat im Frühjahr 1990 der Juristischen Fakultät der Ludwig-Maximilians-Universität München als Dissertation vorgelegen. Sie wurde im März 1990 abgeschlossen; Rechtsprechung und Literatur sind bis September 1990, vereinzelt auch darüber hinaus, nachgetragen.

Danken möchte ich an dieser Stelle meinem verehrten Doktorvater, Herrn Professor Dr. Dr. h.c. Claus-Wilhelm Canaris, der mich in jeder Hinsicht wohlwollend gefördert und unterstützt hat.

Zu danken habe ich des weiteren meiner Ehefrau Barbara, die mit unermüdlicher Geduld die Entstehung der Arbeit verfolgt und mir in dieser schwierigen Zeit nach besten Kräften Beistand geleistet hat.

München, im Oktober 1990

Thorsten Pötzsch

Inhaltsverzeichnis

Erstes Kapitel: Grundlagen 17

§ 1 Einleitung 17
    I. Technische Entwicklung 17
    II. Wirtschaftliche Entwicklung 19
    III. Abgrenzung des Themas und Erörterung der Problemstellung 19
    IV. Gang der Darstellung 21

§ 2 Technische Begriffsbestimmungen 22
    I. Das Begriffspaar Hardware - Software 23
    II. Die einzelnen Bestandteile der Software 27
        1. Das Computerprogramm 27
        2. Die Programmbeschreibung 28
        3. Das Begleitmaterial 29
    III. Die verschiedenen Arten von Software 30
        1. Funktionelle Kriterien 30
        2. Anwendungsbezogene Kriterien 32

§ 3 Wirtschaftliche Ausgangssituation 37
    I. Die Entwicklung vom "Bundling" zum "Unbundling" 37
    II. Der heutige Datenverarbeitungsmarkt in der Bundesrepublik Deutschland 39

§ 4 Die Systemverantwortung 41
    I. Der Begriff der Systemverantwortung 41
    II. Die Risikoverteilung hinsichtlich der technischen Funktionsfähigkeit des Datenverarbeitungssystems als Gesamtheit von Hardware und Software 41
    III. Die Verantwortung für das Zustandekommen des erstrebten wirtschaftlichen Erfolgs 44

Zweites Kapitel: Die Überlassung von Hardware und Software "aus einer Hand" 47

§ 5 Die Überlassung im Rahmen eines einheitlichen Vertrags 47
    I. Differenzierung zwischen technischer und rechtlicher Einheit 47
    II. Voraussetzungen eines einheitlichen Vertrags 48

1. Kriterien einer technischen Einheit 48
   a) Der Befund in der Judikatur 48
      aa) Die Entscheidung des BGH vom 23.7.1977 48
      bb) Die Entscheidung des BGH vom 20.6.1984 49
      cc) Die Entscheidung des BGH vom 24.6.1986 49
      dd) Die Entscheidung des BGH vom 25.3.1987 50
      ee) Die Entscheidung des BGH vom 4.11.1987 50
      ff) Die Entscheidung des BGH vom 7.3.1990 51
      gg) Instanzgerichtliche Entscheidungen 52
   b) Die Auffassungen in der Literatur 53
   c) Eigene Auffassung 55
      aa) Der Ausgangspunkt: Software als Sache 55
      bb) Maßgeblichkeit der Kriterien des § 93 BGB 59
2. Kriterien einer rechtlichen Einheit 63
   a) Der Befund in der Judikatur 63
   b) Die Auffassungen in der Literatur 66
   c) Eigene Auffassung 68
      aa) Bedeutung der äußeren Vertragsgestaltung 68
      bb) Maßgeblichkeit des Parteiwillens 69
      cc) Verwendung von Trennungsklauseln 76
      dd) Der Sonderfall des Software-Leasing 78

III. Rechtsfolgen eines einheitlichen Vertrags 82
   1. Teilweise Lieferung 82
   2. Lieferung fehlerhafter Hard- oder Software 86
      a) Der Grundfall: Überlassung von Hard- und Software im Rahmen eines Kaufvertrags 86
         aa) Abgrenzung zwischen einem einheitlichen Kaufgegenstand und mehreren verkauften Sachen 87
         bb) Gesamtwandelungsrecht bei mehreren Sachen 88
      b) Übertragung der Grundsätze auf andere Vertragsgestaltungen 93
   3. Sonstige Vertragsverletzungen 95

§ 6 Die Überlassung im Rahmen mehrerer Verträge 97
   I. Vereinbarung einer Bedingung oder eines Rücktrittsrechts 97
   II. Grundsätze des "einheitlichen Rechtsgeschäfts" 98
   III. Grundsätze des Fehlens oder Wegfalls der Geschäftsgrundlage 103

Drittes Kapitel: Die Überlassung von Hardware und Software durch verschiedene Vertragspartner 107

§ 7 Die Überlassung durch mehrere Lieferanten 107

I. Vereinbarung einer Bedingung, eines Rücktrittsrechts oder dgl. ... 109
II. Grundsätze des "einheitlichen Rechtsgeschäfts" ... 109
III. Grundsätze des Einwendungsdurchgriffs ... 111
   1. Der Einwendungsdurchgriff beim finanzierten Abzahlungskauf ... 111
   2. Übertragung der Grundsätze auf die Überlassung von Hard- und Software durch mehrere Lieferanten ... 116
IV. Grundsätze des Fehlens oder Wegfalls der Geschäftsgrundlage ... 122

§ 8 Die Teilfinanzierung über eine Leasinggesellschaft ... 125
I. Darstellung der Ausgangssituation ... 125
II. Störungen im Rahmen der Hardwareüberlassung ... 126
III. Störungen im Rahmen der Softwareüberlassung ... 127
   1. Vereinbarungen zwischen Leasinggeber und Anwender ... 127
   2. Vereinbarungen zwischen Lieferant und Anwender ... 128
      a) Haftung des Leasinggebers aus culpa in contrahendo i.V.m. § 278 BGB ... 129
      b) Anfechtung des Leasingvertrags aufgrund arglistiger Täuschung durch den Lieferanten ... 131
      c) Eigenhaftung des Lieferanten aus culpa in contrahendo ... 133

§ 9 Die Finanzierung über verschiedene Leasinggesellschaften ... 134

Zusammenfassung ... 136

Anhang ... 139

Literaturverzeichnis ... 143

Sachregister ... 150

Abkürzungsverzeichnis

a.A.	anderer Ansicht
aaO.	am angegebenen Ort
Abs.	Absatz
AbzG	Abzahlungsgesetz
AcP	Archiv für die civilistische Praxis
a.E.	am Ende
AG	Amtsgericht
AGB	Allgemeine Geschäftsbedingungen
AGBG	Gesetz zur Regelung des Rechts der Allgemeinen Geschäftsbedingungen
AK	Alternativkommentar zum Bürgerlichen Gesetzbuch
Anm.	Anmerkung
AT	Allgemeiner Teil
Aufl.	Auflage
BAG	Bundesarbeitsgericht
BauR	Zeitschrift für das gesamte öffentliche und zivile Baurecht
BB	Betriebsberater
BB-Beil.	Beilage zur Zeitschrift Betriebsberater
Bd.	Band
BFH	Bundesfinanzhof
BFHE	Entscheidungen des Bundesfinanzhofs
BGB	Bürgerliches Gesetzbuch
BGH	Bundesgerichtshof
BGHZ	Entscheidungen des Bundesgerichtshofs in Zivilsachen
BStBl.	Bundessteuerblatt
BTDrucks.	Drucksachen des Deutschen Bundestages
bzgl.	bezüglich
bzw.	beziehungsweise
c.i.c.	culpa in contrahendo
CR	Computer und Recht
DB	Der Betrieb

DB-Beil.	Beilage zur Zeitschrift Der Betrieb
ders.	derselbe
dgl.	dergleichen
d.h.	das heißt
Diss.	Dissertation
DStR	Deutsches Steuerrecht
DV	Datenverarbeitung
EDV	Elektronische Datenverarbeitung
Einf.	Einführung
Einl.	Einleitung
EWiR	Entscheidungen zum Wirtschaftsrecht
f.	folgende
ff.	fort folgende
FLF	Finanzierung, Leasing, Factoring
FS	Festschrift
gem.	gemäß
GRUR	Gewerblicher Rechtsschutz und Urheberrecht
GRUR Int.	Gewerblicher Rechtsschutz und Urheberrecht, Internationaler Teil
h.M.	herrschende Meinung
Hrsg.	Herausgeber
i.d.R.	in der Regel
i.E.	im Ergebnis
insbes.	insbesondere
i.S.d.	im Sinne des/der
i.S.v.	im Sinne von
IuR	Informatik und Recht
i.V.m.	in Verbindung mit
Jher.Jb.	Jherings Jahrbücher der Dogmatik des bürgerlichen Rechts
Jura	Juristische Ausbildung
JuS	Juristische Schulung
JZ	Juristenzeitung
KG	Kammergericht Berlin
Lit.	Literatur
LG	Landgericht
LM	Lindenmaier-Möhring, Nachschlagewerk des Bundesgerichtshofs

m.	mit
MB	Megabyte
MDR	Monatsschrift für deutsches Recht
m.E.	meines Erachtens
Mot.	Motive zum BGB
MünchKomm	Münchener Kommentar zum Bürgerlichen Gesetzbuch
m.w.N.	mit weiteren Nachweisen
Nachw.	Nachweis(e)
NJW	Neue Juristische Wochenschrift
NJW-RR	NJW-Rechtsprechungs-Report Zivilrecht
Nr.	Nummer
o.	oben
o.ä.	oder ähnliches
o.g.	oben genannte(n)
ÖVD/Online	Öffentliche Verwaltung und Datenverarbeitung
OLG	Oberlandesgericht
PC	Personal Computer
pFV	positive Forderungsverletzung
RabattG	Gesetz über Preisnachlässe (Rabattgesetz)
RAM	Random Access Memory
Recht	Das Recht
RG	Reichsgericht
RGRK	Reichsgerichtsräte-Kommentar zum BGB
RGZ	Entscheidungen des Reichsgerichts in Zivilsachen
Rn.	Randnummer
ROM	Read Only Memory
Rpfleger	Der Deutsche Rechtspfleger
Rspr.	Rechtsprechung
S.	Satz, Seite
s.	siehe
SchuldR	Schuldrecht
s.o.	siehe oben
sog.	sogenannte(r)
SZ	Süddeutsche Zeitung
u.	und
u.a.	unter anderem
u.ä.	und ähnliche

umfangr.	umfangreich(e)
UrhG	Urhebergesetz
usw.	und so weiter
u.U.	unter Umständen
v.	von, vor
Verf.	Verfasser
VersR	Versicherungsrecht
vgl.	vergleiche
Vorb.	Vorbemerkung
WarnRspr.	Warneyer, Die Rechtsprechung des Reichsgerichts
WIPO	World Intellectual Property Organisation
WM	Wertpapiermitteilungen
WuB	Wirtschafts- und Bankrecht
WuW	Wirtschaft und Wettbewerb
z.B.	zum Beispiel
ZIP	Zeitschrift für Wirtschaftsrecht
ZUM	Zeitschrift für Urheber und Medienrecht

Erstes Kapitel

Grundlagen

§ 1 Einleitung

Die wirtschaftliche Bedeutung der elektronischen Datenverarbeitung (EDV) hat in den letzten Jahrzehnten erheblich zugenommen. EDV wird heutzutage in einem Großteil von Lebensbereichen eingesetzt. Dabei beschränkt sich die EDV-Anwendung seit Ende der siebziger Jahre nicht mehr nur auf den öffentlichen und wirtschaftlichen Bereich (Verwaltungen, Wissenschaft, militärischer Bereich, Banken, Versicherungen, Handel etc.), sondern dringt zusehends in den privaten Bereich vor.

I. Technische Entwicklung

Die technische Entwicklung elektronischer Datenverarbeitungssysteme wird durch *Computer-Generationen*[1] gekennzeichnet.

Ausgangspunkt der ersten Generation war die Entwicklung der Rechner "ENIAC"[2] durch die Amerikaner *Eckert* und *Mauchly* in Pennsylvania, USA, und "EDVAC"[3], an dessen Entwicklung der Amerikaner *John von Neumann* in Princeton, USA, maßgeblich beteiligt war, im Jahre 1946. Die von *von Neumann* entwickelte Computerarchitektur[4] legte dabei den Grundstein für alle bis heute entwickelten Datenverarbeitungssysteme. Die Rechenanlagen dieser Generation verwandten Röhrenschaltungen; die Schaltzeit betrug Tausendstelsekunden.[5]

---

[1] Ausführlich dazu *Junker* Computerrecht, Rn.40-45.

[2] "Electronic Numerical Integrator and Computer", vgl. *Moritz/Tybusseck* Rn.3.

[3] "Electronic Discrete Variable Automatic Computer", vgl. *Moritz/Tybusseck* Rn.12.

[4] Eine technische Erläuterung der *von-Neumann*-Architektur findet sich bei *H.-J. Schneider* Lexikon, Stichwort "von-Neumann-Rechner".

[5] Vgl. *Koch* Rn.24.

Die Ersetzung der Elektronenröhren durch Transistoren führte zu einer Beschleunigung der Schaltzeit um den Faktor zehn und läutete zugleich die zweite Generation im Jahre 1955 ein.[6]

Durch Verwendung von Halbleiterschaltelementen wurde wiederum eine Verkürzung der Schaltzeit auf Nanosekunden erreicht, was den Beginn der dritten Generation um 1965 darstellt.[7]

Die Entstehung der vierten Generation geht auf das Jahr 1970 zurück. Die Verwendung integrierter Schaltkreise und die damit verbundene Miniaturisierung von Schaltungen führte zur Entwicklung von Mikroprozessoren. Diese wiederum waren wesentliche Voraussetzung zur Einführung von Kleinrechnern, für deren Hauptanwendungsbereich sich später der Begriff "Personal Computer" (PC)[8] einbürgerte. Die Verbreitung von Personal Computern führte wirtschaftlich zu einer "Popularisierung der Datenverarbeitung"[9], welche durch den - auf die technische Entwicklung zurückzuführenden - Preisverfall begünstigt wurde.

Grundlage aller vier Generationen ist, wie bereits oben erwähnt wurde, bis heute die Rechnerarchitektur *von Neumanns*. Deren Charakteristik stellt jedoch zugleich den wesentlichen Schwachpunkt der Konzeption dar: die Abarbeitung von Befehlen erfolgt in sequentieller Reihenfolge, was die interne Rechengeschwindigkeit des Rechners einschränkt.[10] Die Lösung dieses Problems wird mithilfe des Einsatzes von Multiprozessoren versucht, welche parallel an ein und demselben Problem arbeiten.[11]

Schließlich ist auf das japanische Projekt der "Fifth Generation Computer Systems" hinzuweisen, welches unter Abkehr von der *von-Neumann*-Architektur seit 1982 die fünfte Generation entwickelt und deren Abschluß im Jahre 1991 erwartet wird.[12]

---

[6] Vgl. *Koch* Rn.24, *Moritz/Tybusseck* Rn.12.

[7] Vgl. *Junker* Computerrecht, Rn.42.

[8] Der Begriff "Personal Computer" soll die Verfügungsmacht des Einzelnen über seinen persönlichen Computer durch Einsatz in einem selbstdefinierten und überschaubaren Bereich versinnbildlichen; vgl. *Junker* Computerrecht, Rn.43; zur Megede NJW 1989, 2580.

[9] Vgl. *Junker* Computerrecht, Rn.43.

[10] *Moritz/Tybusseck* Rn.25.

[11] *Moritz/Tybusseck* Rn.26.

[12] *Moritz/Tybusseck* Rn.28.

II. Wirtschaftliche Entwicklung

Die Bedeutung des Wirtschaftszweiges EDV wird bei näherer Betrachtung der Entwicklung des Datenverarbeitungsmarktes in der Bundesrepublik Deutschland in den letzten 20 Jahren deutlich.[13] Betrugen 1970 die Umsätze in der EDV-Branche 3,5 Mrd.DM, 1975 4,5 Mrd.DM, lagen die Umsätze 1980 bei 10,9 Mrd.DM. Mit der "Popularisierung der Datenverarbeitung" stiegen die Umsätze bis 1985 auf 31,7 Mrd.DM; für 1990 wird nach vorsichtigen Prognosen ein Umsatz in Höhe von 50 Mrd.DM erwartet.[14]

Das Verhältnis der Hardware- zu den Softwareumsätzen betrug 1970 80 % zu 20 %; 1975 75 % zu 25 %; 1980 70 % zu 30 %, 1985 60 % zu 40 %. Für 1990 wird erwartet, daß das Verhältnis in etwa 50 % zu 50 % betragen wird.[15] Diese wirtschaftlichen Gegebenheiten entsprechen der technischen Entwicklung: die Tendenz der auf dem Hardwaremarkt zu beobachtenden stagnierenden Umsätze verbunden mit immensen Umsatzsteigerungen im Software- und Dienstleistungsbereich[16] korrespondiert mit einer Verlagerung des technischen Schwerpunkts von der Hardware zur Software.[17] Inwieweit die wirtschaftliche Entwicklung auf die rechtliche Behandlung der Einheit von Hardware und Software von Einfluß gewesen ist, wird später Gegenstand der Erörterungen sein.

III. Abgrenzung des Themas und Erörterung der Problemstellung

1. Die rechtlichen Probleme, die beim Einsatz elektronischer Datenverarbeitung auftauchen, sind vielschichtig und betreffen sowohl den Bereich des öffentlichen Rechts[18], als auch den des Strafrechts[19] und des Zivilrechts. Auf dem Gebiet des Zivilrechts werden in erster Linie vertragsrechtliche, wettbewerbsrechtliche und arbeitsrechtliche Aspekte des EDV-Einsatzes relevant. Die vorliegende Arbeit beschäftigt sich mit einem Sonderproblem,

---

[13] S. hierzu auch *Kilian* in Kilian/Heussen Einl. S.1.

[14] Quelle: VDMA, Diebold, GMD, ÖVD/Online 8/1987, S.39.

[15] Quelle: VDMA, Diebold, GMD, ÖVD/Online 8/1987, S.39.

[16] Vgl. hierzu zuletzt Diebold, ÖVD/Online 1/1989, S.10.

[17] *Jörg Schneider* S.1.

[18] Von besonderer Bedeutung ist hier der Datenschutz.

[19] In diesem Bereich ist der Gesetzgeber durch Schaffung des Zweiten Gesetzes zur Bekämpfung der Wirtschaftskriminalität (2.WiKG), das am 1.8.1986 in Kraft getreten ist, tätig geworden. Das Gesetz enthält u.a. neue Straftatbestände gegen bestimmte Formen der Computerkriminalität; vgl. dazu die Übersicht bei *Frommel* JuS 1987, 667f.

das sich im Bereich des Vertragsrechts in einer nicht unerheblichen Anzahl von Fällen stellt: der Behandlung der *"rechtlichen Einheit von Hardware und Software"*.

2. Eine Datenverarbeitungsanlage umfaßt zwei Arten von Komponenten: die Hardware und die Software. Erst durch das Zusammenwirken beider Komponenten wird sie in die Lage versetzt, die an sie gestellten Anforderungen zu erfüllen. Treten beim Betrieb der Anlage Störungen auf, so kann dies - falls es sich nicht um einen Bedienungsfehler des Anwenders handelt - im wesentlichen *drei Ursachen* haben. Zum einen kann die Störung ihre Ursache im Bereich der Software oder der Hardware haben. Zum anderen verbleibt die Möglichkeit, daß die Störung auf eine mangelnde Abstimmung der beiden Komponenten untereinander zurückzuführen ist.

3. Die Frage, inwieweit eine Störung dem einen oder anderen Bereich zuzuordnen ist, stellt ein Problem technischer Natur dar und wird in aller Regel - falls es zum Prozeß kommt - mit Hilfe eines Sachverständigen geklärt. Stellt sich die Störung in einem Teilbereich als ein rechtlich erheblicher Mangel dar, schließt sich die Frage an, inwieweit dieser Mangel - beispielhaft sei hier der Fall einer fehlerhaften Programmerstellung genannt - Auswirkungen auf den anderen Teilbereich - im Beispiel wäre dies die Hardwareüberlassung - zeitigt. Ist die Störung auf die mangelhafte Abstimmung beider Komponenten zurückzuführen, verschärft sich das Problem: funktionieren etwa Hard- und Software, sobald eine der beiden Komponenten durch ein kompatibles Substitut ersetzt wird, stellt sich die Frage, wer das Risiko der fehlenden Abstimmung zu tragen hat.

Die Umschreibungen der Problematik in der Literatur differieren. Neben Formulierungen wie der der "rechtlichen Einheit von Hardware und Software"[20] bzw. der "Einheit von Hardware- und Softwareverträgen"[21] finden sich Bezeichnungen wie die der "Verbindung von Hardwarekauf und Softwareüberlassung[22] oder der "Koppelung von Hardware und Software"[23]. Letztlich führen die unterschiedlichen Umschreibungen desselben Sachverhaltes bei der Behandlung praktischer Fälle jedoch nicht weiter, weshalb an dieser Stelle auf die verschiedenen Bezeichnungen nicht näher eingegangen werden soll.

---

[20] So *Moritz/Tybusseck* Rn.31; *von Westphalen* DB-Beil.3/1989, S.6ff.
[21] So *Junker* Computerrecht, Rn.377.
[22] So *Köhler* in Lehmann Rn.110.

§ 1 Einleitung

4. Ausgangspunkt für die Lösung ist die vertragliche Regelung der Geschäftspartner. Diese bestimmt den Pflichtenumfang der jeweiligen vertraglichen Leistungen und kann u.U. Auskunft darüber geben, inwieweit die Parteien einen Zusammenhang der einzelnen Leistungen gewollt haben. Ziel dieser Arbeit ist es, unter besonderer Berücksichtigung der technischen Gegebenheiten der elektronischen Datenverarbeitung die tatbestandlichen Voraussetzungen einer rechtlichen Zusammengehörigkeit von Hard- und Software und deren Rechtsfolgen darzustellen. Der Schwerpunkt soll dabei nicht auf der rechtlichen Behandlung von Softwareverträgen liegen; insoweit kann auf die bereits vorliegenden umfangreichen Abhandlungen verwiesen werden.[24] Soweit jedoch rechtliche Besonderheiten von Softwareverträgen von Einfluß auf die Behandlung der Zusammengehörigkeit von Hard- und Software sind, wird auch auf diese eingegangen.

IV. Gang der Darstellung

Im *ersten Kapitel* sollen zunächst (§ 2) einige technische Grundbegriffe erörtert werden, deren Kenntnis für das Verständnis der daran anknüpfenden Rechtsfragen unerläßlich ist. Im Anschluß daran wird die wirtschaftliche Ausgangssituation beim Erwerb einer Datenverarbeitungsanlage dargestellt (§ 3). Nach einem Rückblick auf die Entwicklung vom "Bundling" zum "Unbundling" (§ 3 I) werden dabei die heutigen Marktverhältnisse im Bereich der Datenverarbeitung in der Bundesrepublik Deutschland beschrieben (§ 3 II). § 4 geht auf die Interessenkollision von Anwender und Lieferant im Hinblick auf die Risikoübernahme für die technische Funktionsfähigkeit des Datenverarbeitungsgesamtsystems sowie im Hinblick auf das Zustandekommen des erstrebten wirtschaftlichen Erfolgs (d.h. die Systemverantwortung) ein.

Das *zweite Kapitel* behandelt die Rechtslage bei Überlassung der Hard- und Software "aus einer Hand". Nach Klärung der einzelnen Voraussetzungen einer Überlassung im Rahmen eines einheitlichen Vertrags und Darstellung der Rechtsfolgen (§ 5) ist Gegenstand der weiteren Untersuchung die Überlassung im Rahmen mehrerer Verträge (§ 6). In diesem Zusammenhang finden die verschiedenen Möglichkeiten einer Vertragsverbindung

---

[23] So *Zahrnt* BB 1984, 1007ff.; *ders.* IuR 1986, 59ff.; *ders.* BB 1988, 1687ff.
[24] Vgl. *Moritz/Tybusseck* Rn.1ff.; *Tybusseck* S.1ff; *Koch* Rn.1ff.; *Köhler* in Lehmann Rn.1ff; *Bömer* Rn.1ff.; *Jörg Schneider* Rn.1ff.; *Junker* Computerrecht, Rn.299ff.; *Brandi-Dohrn* Gewährleistung S.1ff.; *Gorny/Kilian* S.1ff.; *Ruppelt* Überlassung S.1f., 23ff.

– etwa über die Grundsätze eines einheitlichen Rechtsgeschäfts oder des Wegfalls der Geschäftsgrundlage – Berücksichtigung.

Der Schwerpunkt des *dritten Kapitels* liegt in der Erörterung der Rechtslage bei Überlassung der Hard- und Software durch verschiedene Vertragspartner. Die in der Praxis relevanten Fallgruppen – Überlassung von Hard- und Software durch verschiedene Lieferanten (§ 7), Teilfinanzierung über eine Leasinggesellschaft (§ 8) und Finanzierung über verschiedene Leasinggesellschaften (§ 9) werden im einzelnen untersucht.

Im Anschluß daran erfolgt eine *Zusammenfassung* der wichtigsten Ergebnisse.

§ 2 Technische Begriffsbestimmungen

Die Terminologie im Bereich der elektronischen Datenverarbeitung ist durch eine Vielzahl unterschiedlicher Begriffsbestimmungen gekennzeichnet. Neben der Tendenz, für schon vorhandene Begriffe eine EDV-spezifische Bezeichnung zu suchen – eine Tendenz, deren Selbstzweckcharakter manchmal nur allzu offensichtlich wird –[25], wirkt sich der Umstand aus, daß teilweise zur Beschreibung ein und derselben Sache unterschiedliche Termini verwendet werden,[26] während andererseits die Auffassungen, was unter einem – vermeintlich genauen – Fachterminus zu verstehen ist, auseinandergehen.[27] Drei Ursachen sind dafür anzuführen. So läßt die schnelle technische Entwicklung des Fachgebiets nicht genügend Zeit zur Durchsetzung einheitlicher Begriffe.[28] Dies kommt den Interessen der Lieferanten entgegen, ihre jeweilige firmenspezifische Terminologie durchzusetzen, um so einen Preis- und Leistungsvergleich mit anderen Lieferanten möglichst zu erschweren.[29] Schließlich ist die Mehrdeutigkeit von Begriffen auf die unterschiedlichen Ausgangspositionen der beteiligten Interessengruppen

---

[25] *Zahrnt* DV-Verträge: Rechtsfragen, S.20 führt als Beispiele für derartige Wortschöpfungen "Orgware, Teachware, Ingware und Branchware" an und verweist darauf, daß er "Jurware" betreibe; kritisch auch *Junker* Computerrecht, Rn.28 Fn.17.

[26] Beispiele hierzu: "Quellenprogramm und Source Code" sowie "Maschinenprogramm und Objekt Code "; zur Erläuterung der Begriffe siehe unten II 1.

[27] Beispielhaft hierzu die unterschiedlichen Auffassungen von "Software"; dazu unten I 2.

[28] *Zahrnt* DV-Verträge: Rechtsfragen, S.19.

[29] *Zahrnt* DV-Verträge: Rechtsfragen, S.20.

zurückzuführen: Was ein Informatiker als Fehler eines Computerprogramms ansieht, muß für einen Juristen noch keinen rechtlich erheblichen Fehler, der Gewährleistungsansprüche auslöst, darstellen.[30]

Die nachstehenden Ausführungen beschränken sich auf die Erläuterung der wichtigsten Begriffe. Wo diese mehrdeutig verwendet werden, wird darauf hingewiesen; Parallelbezeichnungen werden ebenfalls erwähnt.

I. Das Begriffspaar Hardware – Software[31]

Beide Bestandteile einer Datenverarbeitungsanlage, die Hardware und die Software, bedürfen näherer Betrachtung.

1.a) In der Informatik werden unter **Hardware** alle mechanischen und elektronischen Baugruppen einer Datenverarbeitungsanlage verstanden.[32] Vereinfacht ausgedrückt bedeutet dies: Hardware ist das, was man anfassen kann.[33] Für den juristischen Bereich ist die Definition der Hardware als Sammelbegriff für alle physischen Elemente einer Anlage übernommen worden.[34]

b) Die Hardware besteht aus der Zentraleinheit[35] und der Peripherie.[36]

aa) Die *Zentraleinheit* setzt sich im wesentlichen aus *Steuerwerk*, *Rechenwerk* (zusammen als *Prozessor* bezeichnet) und *Hauptspeicher*[37] zusam-

---

[30] Zum Fehlerbegriff aus der Sicht der Informatiker vgl. *Bons* S.35-45 in Gorny/Kilian; *Gorny* CR 1986, 673, 674ff. Aus juristischer Sicht vgl. *Kilian* CR 1986, 187, 190f.; *Köhler* in Lehmann Rn.20ff. Eingehend zur Abgrenzung zwischen dem technischen Fehlerbegriff der Informatik und dem rechtlichen Fehlerbegriff *Börner* S.148-174; *J.Schneider* Praxis D 467ff.

[31] Vgl. hierzu die Übersicht im Anhang 1.

[32] Vgl. *H.-J. Schneider* Lexikon Stichwort "Hardware".

[33] Vgl. *Crichton* S.85; im Anschluß daran *Koch* Rn.24; *Moritz/Tybusseck* Rn.6; zur *Megede* Rechtsschutz, Rn.3; ders. NJW 1989, 2580.

[34] Vgl. *Jörg Schneider* S.4; *Junker* Computerrecht, Rn.28; *Haberstumpf* in Lehmann Rn.17; *Ellenberger/Müller* S.4 ("EDV-Geräte und Maschinen"); *Zahrnt* DV-Verträge: Rechtsfragen, S.23 ("Geräte"); *Kolle* GRUR 1982, 443, 444 sowie *Börner* S.12 ("technisch realisierte Geräte und Arbeitsmittel").

[35] Auch "ZE", "Central Processing Unit" oder "CPU", "Rechner", "Rechnerkern" oder "Zentralrechner" genannt.

[36] Vgl. *Zahrnt* DV-Verträge: Rechtsfragen, S.23.

[37] Andere Begriffe: "Speicher", "Speicherwerk", "Arbeitsspeicher", oder "Primärspeicher". Die DIN-Norm 44300 (Abdruck bei Koch Rn.201), die grundlegende Begriffe der Informationsverarbeitung beinhaltet, unterscheidet zwischen den Begriffen Zentralspeicher, Hauptspeicher und Ergänzungsspeicher (Nr.108, 142, 143).

men.[38] Der Hauptspeicher enthält die aktuell bearbeiteten Programme und Daten.[39] Steuer- und Rechenwerk führen die Programme aus, wobei das Steuerwerk die Ein- und Ausgabe von Daten regelt und die im Rechenwerk vorgenommenen Rechenoperationen "leitet".[40]

bb) Als *Peripherie* bezeichnet man die Eingabeeinheiten (Tastatur), die Ausgabeeinheiten (Bildschirm, Drucker) und die sog. "externen" Speicher (Disketten, Magnetplatten, Magnetbänder usw.).[41]

c) Der Begriff des *"Computers"* ist mehrdeutig.[42] Während er teilweise mit der Hardware - bestehend aus Zentraleinheit und Peripherie - gleichgesetzt wird,[43] kann unter ihm auch die Zentraleinheit im Gegensatz zur Peripherie verstanden werden.[44] Um diese Mehrdeutigkeit zu vermeiden, erscheint es angebracht, statt der Bezeichnung "Computer" die oben angeführten Begriffe zur Beschreibung der Bestandteile einer EDV-Anlage zu verwenden.

2. **Software** wird in einem weiteren und in einem engeren Sinne verstanden.

a) Definitionen, die Software als "geistigen Überbau der elektronischen Datenverarbeitung" bezeichnen[45] oder diese negativ als all das charakterisieren, "was nicht Hardware, jedoch für den (sinnvollen) Einsatz eines Computers erforderlich oder nützlich ist"[46], gehen von einem *weiten Softwarebegriff* aus. Auf der gleichen Grundlage läßt sich Software begreifen als "jede Art von Anweisungen zum Einsatz informationsverarbeiteter Geräte", wobei sich diese Anweisungen zum einen an den Menschen, zum an-

---

[38] Vgl. *Koch* Rn.8, *Junker* Computerrecht, Rn.18. Die DIN-Norm 44300 (abgedruckt bei *Koch* Rn.201) definiert unter Nr.109 die Begriffe "Zentraleinheit, Rechner" als "eine Funktionseinheit innerhalb eines digitalen Rechensystems, die Prozessoren, Eingabewerke, Ausgabewerke und Zentralspeicher umfaßt". - Teilweise wird nur Steuer- und Rechenwerk als Zentraleinheit bezeichnet und der Hauptspeicher getrennt aufgeführt, so *Haberstumpf* in Lehmann Rn.17, wohl auch *Ellenberger/Müller* S.4.

[39] Näher dazu *Junker* Computerrecht, Rn.19-21.

[40] Vgl. *Koch* Rn.8. Ausführlicher zu den Aufgaben des Steuer- und Rechenwerks *Junker* Computerrecht, Rn.22-27.

[41] *Junker* Computerrecht, Rn.28.

[42] *H.-J. Schneider* Lexikon Stichwort "Computer" gibt eine eingehende Erläuterung der unterschiedlichen Bedeutungen.

[43] Vgl. *Junker* Computerrecht, Rn.28.

[44] Vgl. *H.-J. Schneider* Lexikon Stichwort "Computer".

[45] Vgl. *Wittmer* S.31f.; im Anschluß daran *Moritz/Tybusseck* Rn.7; *Haberstumpf* in Lehmann Rn.18; *Junker* Computerrecht, Rn.28.

[46] *Lutz* GRUR 1976, 331; *Moritz/Tybusseck* Rn.7; *Haberstumpf* in Lehmann Rn.18.

deren an das Gerät selbst richten können.[47] Allen Definitionen ist gemeinsam, daß sie darüber einig sind, woraus Software im einzelnen besteht. Danach setzt sich Software aus dem *Computerprogramm*, der *Programmbeschreibung* und dem *Begleitmaterial* [48] zusammen.[49] Die 1977 vom Internationalen Büro der Weltorganisation für geistiges Eigentum (WIPO) verabschiedeten "Mustervorschriften für den Schutz von Computersoftware"[50] legen demgegenüber die Bestandteile von Software nicht abschließend fest: sie bestimmen in § 1 unter (i) bis (iii) zwar die Begriffe Computerprogramm, Programmbeschreibung und Begleitmaterial, bezeichnen jedoch unter (iv) als "Computersoftware alle oder einzelne der unter (i) bis (iii) genannten Gegenstände".[51]

b) Im informationswissenschaftlichen Schrifttum wird Software in einem *engeren Sinne* verstanden.[52] Danach "subsumiert man (unter Software) alle immateriellen Teile, d.h. alle auf einer Datenverarbeitungsanlage einsetzbaren Programme".[53] Diese Gleichsetzung der Begriffe Software und *Computerprogramm* findet sich teilweise auch in der juristischen Literatur.[54] So hat der *BGH* in der Entscheidung von 4.11.1987[55] "Computerprogramm" und "Software" als Synonyme verwendet, ohne auf die unterschiedlichen Auffassungen näher einzugehen.[56]

---

[47] *Kindermann* ZUM 1985, 1; ders. GRUR 1983, 150; *Ruppelt* Überlassung S.3.

[48] Programmbeschreibung und Begleitmaterial werden oft als Programmdokumentation bezeichnet; kritisch hierzu *Kindermann* GRUR 1983, 150, 151.

[49] *Kindermann* ZUM 1985, 1f.; ders. GRUR 1983, 150 (mit einer Übersicht der einzelnen Bestandteile auf S.151); *Nordemann* ZUM 1985, 10f.; *Moritz/Tybusseck* Rn.100; *Haberstumpf* in Lehmann Rn.18; *Junker* Computerrecht, Rn.29; *Engel* BB 1985, 1159, 1160; *Mehrings* NJW 1986, 1904; *Preuß* S.11.

[50] Abdruck der Mustervorschriften in GRUR Int. 1978, 286, 290f. und GRUR 1979, 300, 306f.

[51] Unzutreffend daher *Börner* S.12f.

[52] Vgl. *Jörg Schneider* S.3f. A.A. *Gorny* S.8 in Gorny/Kilian; *Junker* JZ 1988, 464.

[53] *H.-J. Schneider* Lexikon Stichwort "Software"; *Löbel/Müller/Schmid* Lexikon Stichwort "Software"; vgl. auch *Frank* S.13-15; *Griese* in Grochla, Handwörterbuch, Stichwort "Anwendungssoftware" und *Graef* in Grochla, Handwörterbuch, Stichwort "Programmierung".

[54] Vgl. die Hinweise von *Lutz* GRUR 1976, 331 und *Börner* S.12. Von einem engen Softwarebegriff gehen *Zispe* GRUR 1973, 123, 126, *Jörg Schneider* S.3f. und *Ruppelt* Überlassung S.4 aus; unklar *Ellenberger/Müller* S.5f.

[55] BGHZ 102, 135, 136.

[56] Die Definition des BGH vom 6.6.1984, WM 1984, 1092, 1093 = CR 1986, 79, 80, Software sei "die Summe aller programmierten Arbeitsanweisungen an den Computer *zur Regelung von kaufmännischen und technischen Geschehensabläufen in einem Unternehmen*" (Hervorhebung des Verf.) ist zu eng und wohl nur auf ein Versehen zurückzuführen. Der BGH hat diese von niemandem vertretene Definition in späteren Entscheidungen nicht mehr erwähnt.

c) Im folgenden wird Software in einem weiteren Sinne verstanden, was der wohl überwiegenden Auffassung entspricht. An Stellen, an denen der Begriff der Software im engeren Sinne verwandt wird, ist dies gesondert vermerkt worden ("Software i.e.S.").

3. Die vermeintlich klare Trennlinie zwischen Hardware (den Geräten) und Software (insbesondere den Computerprogrammen) ist allerdings nicht so scharf, wie dies auf den ersten Blick den Anschein hat. Der Grund dafür liegt darin, daß gewisse Funktionen einer EDV-Anlage sowohl durch die Hardware als auch durch die Software (i.e.S.) ausgeführt werden können.[57] Soweit Software-Aufgaben durch Hardware-Einrichtungen gelöst werden, spricht man von **Firmware**.[58] Dabei werden sog. Mikroprogramme[59] auf einem Festwertspeicher fixiert.[60] Die verwendeten Halbleitermaterialien sind also dadurch gekennzeichnet, daß ihr Dateninhalt ständig ("firm") erhalten bleibt.[61] Da eine Änderung der Informationen auf dem Festwertspeicher grundsätzlich nicht möglich ist, bezeichnet man diesen auch als "ROM" ("read only memory").[62] Die Vorteile des Einsatzes von Firmware liegen in der Erhöhung der internen Zugriffs- und Verarbeitungsgeschwindigkeit der Zentraleinheit; die Nachteile in der geringeren Flexibilität im Falle von Änderungen.[63] *Kindermann* umschreibt die Ambivalenz der - körperlich faßbaren - Festwertspeicher mit den darauf befindlichen Mikroprogrammen plakativ mit dem Ausdruck "Software im Gehäuse".[64]

---

[57] Vgl. *Wittmer* S.26f.; *Kolle* GRUR 1982, 443, 445; *Moritz/Tybusseck* Rn.23; *Haberstumpf* in Lehmann Rn.20.

[58] *Ellenberger/Müller* S.7; *Moritz/Tybusseck* Rn.238; *Jörg Schneider* S.5; vgl. auch *Dworatschek* S.405-408.

[59] Zum Begriff des Mikroprogramms siehe *H.-J. Schneider* Lexikon Stichwort "Mikroprogramm".

[60] *Moritz/Tybusseck* Rn.237.

[61] Vgl. *Dworatschek* S.246; *Jörg Schneider* S.4.

[62] Vgl. *Dworatschek* S.246; *Jörg Schneider* S.4. Zu den verschiedenen Speichern (ROM, PROM, EPROM, EEPROM; RAM) vgl. *H.-J. Schneider* Lexikon Stichwort "Festwertspeicher"; *Koch* Rn.37f.

[63] Vgl. *Moritz/Tybusseck* Rn.235.

[64] *Kindermann* GRUR 1983, 150, 153. - Ausführlicher zur Firmware *Moritz/Tybusseck* Rn.235-253; *Jörg Schneider* S.4f.

II. Die einzelnen Bestandteile der Software[65]

1. Das Computerprogramm

Kernstück der Software ist das Computerprogramm. Nach den Mustervorschriften der WIPO wird unter diesem "eine Folge von Befehlen" verstanden, "die nach Aufnahme in einen maschinenlesbaren Träger fähig sind zu bewirken, daß eine Maschine mit informationsverarbeitenden Fähigkeiten eine bestimmte Funktion oder Aufgabe oder ein bestimmtes Ergebnis anzeigt, ausführt oder erzielt".[66] Weitgehend identisch definiert die DIN 44300 ein Programm als "eine zur Lösung einer Aufgabe vollständige Anweisung zusammen mit allen erforderlichen Vereinbarungen"[67], wobei unter "Aufgabe" eine Datenverarbeitungsaufgabe verstanden wird.[68] Andere Definitionen unterscheiden sich in Einzelheiten, ohne jedoch sachlich zu unterschiedlichen Ergebnissen zu führen.[69]

Zwei Stufen eines Computerprogramms werden unterschieden.

a) In einer ersten Stufe erstellt ein Programmierer eine strukturierte Liste von Anweisungen,[70] welche u.a. auch Kommentare enthält. Er bedient sich dabei einer der über 200 Programmiersprachen, die in den letzten dreißig Jahren entwickelt worden sind,[71] und von denen die bekanntesten BASIC, COBOL, FORTRAN, PL/1, PASCAL und APL sind.[72] Diese Liste wird *Quellenprogramm*[73] genannt.

b) Das Quellenprogramm wird maschinell mittels eines *Übersetzungsprogramms*[74] in das *Maschinenprogramm*[75] übertragen. Bei der Übersetzung

---

[65] Vgl. hierzu die Übersicht im Anhang 1.

[66] § 1 (i) der Mustervorschriften der WIPO, abgedruckt in GRUR Int. 1978, 286, 290 und GRUR 1979, 306f. An diese Definition anknüpfend BAG vom 13.9.1983, GRUR 1984, 429, 430; *Engel* BB 1985, 1159, 1160; *Mehrings* NJW 1986, 1904.

[67] DIN 44300 Nr.40, abgedruckt bei *Koch* Rn.201.

[68] Näher zum Begriff der Aufgabe *H.-J. Schneider* Lexikon Stichwort "Programm".

[69] Zu den verschiedenen Definitionen vgl. *Kolle* GRUR 1982, 443, 444.

[70] Zu den einzelnen Bestandteilen siehe *Kindermann* ZUM 1985, 2, 3.

[71] Vgl. *Vollmer* ÖVD/Online 10/1987, S.64, 69.

[72] Vgl. *Kindermann* ZUM 1985, 2, 3.

[73] Andere Bezeichnungen: Quellencode, Source Code.

[74] Bei den Übersetzungsprogrammen werden Assembler und Compiler unterschieden; eingehend dazu und zur technischen Seite des Übersetzungsvorgangs *Graef* in Grochla, Handwörterbuch, Stichwort "Programmierung".

[75] Andere Bezeichnungen: Maschinencode, Objektprogramm, Objekt Code.

werden die Kommentare entfernt; die Programmiersprache wird in die Signalsprache des Computers umgesetzt. Das so entstandene Programm stellt sich als eine unstrukturierte Folge binärer oder hexadezimaler Ziffern dar, welche nur noch von einem Fachmann entziffert werden können.[76] Die Ausführung des Programms auf der Hardware erfolgt durch das Maschinenprogramm.[77]

2. Die Programmbeschreibung

Im Anschluß an *Kindermann*[78] wird zwischen der Entwurfsdokumentation (der Programmbeschreibung für ein noch niederzuschreibendes Programm) und der Wartungsdokumentation (der Programmbeschreibung für das fertige Programm) unterschieden.

a) Bestandteile der *Entwurfsdokumentation* sind das Pflichtenheft und das Programmlogikhandbuch.

aa) Das *Pflichtenheft*[79] dokumentiert in verbaler und graphischer Form, was das Programm leisten soll; es enthält eine Beschreibung der Schnittstellen zum Benutzer, zur Hardware und anderen Programmen, der Programmfunktionen, der zur Anwendung kommenden Verfahren u.a.m.[80]

bb) Das *Programmlogik-Handbuch* beinhaltet eine vollständige und detaillierte Darstellung des zu entwickelnden Computerprogramms und dient als direkte Vorlage zur Entwicklung des Quellenprogramms.[81]

b) Die *Wartungsdokumentation* stellt eine verkürzte Programmbeschreibung dar, die sich auf die zur Wartung eines fertigen Computerprogramms notwendigen Teile der Entwurfsdokumentation beschränkt.[82]

c) Demgegenüber definieren die Mustervorschriften der WIPO eine Programmbeschreibung als "eine vollständige prozedurale Darstellung in

---

[76] *Kindermann* ZUM 1985, 2, 3.

[77] Bei einigen Programmiersprachen (z.B. APL) werden die einzelnen Anweisungen des Quellenprogramms nach der Übersetzung in die betreffende Maschinensprache sofort zur Ausführung gebracht. Zur Programmausführung muß daher nicht zuvor das gesamte Programm übersetzt werden. Dieser Vorgang wird "Interpretation" genannt; vgl. dazu *Graef* in Grochla, Handwörterbuch, Stichwort "Programmierung"; *Kindermann* GRUR 1983, 150, 151.

[78] *Kindermann* GRUR 1983, 150, 151; ders. ZUM 1985, 2, 3.

[79] Andere Bezeichnungen: Lastenheft, Organisationsbeschreibung.

[80] Näher dazu *Kindermann* GRUR 1983, 150, 151.

[81] Näher dazu *Kindermann* GRUR 1983, 150, 151.

[82] *Kindermann* GRUR 1983, 150, 151.

sprachlicher, schematischer oder anderer Form, deren Angaben ausreichend sind, um eine Folge von Befehlen festzulegen, die ein ihr entsprechendes Computerprogramm darstellen"[83], beschränken den Begriff der Programmbeschreibung also auf das Programmlogikhandbuch.[84] Im folgenden wird jedoch an der Terminologie *Kindermanns*, die in der Literatur breiten Anklang[85] gefunden hat, festgehalten.

3. Das Begleitmaterial

Das Begleitmaterial[86] setzt sich aus Benutzungs- und Bedienerhandbuch zusammen.

a) Das *Benutzungshandbuch* enthält eine allgemeine Beschreibung mit graphischer Darstellung des Anwendungszwecks und der Einsatzbedingungen des Programms, der erforderlichen Maschinenkonfiguration u.a.m.[87]

b) Das *Bedienerhandbuch* beschreibt die Prozeduren für das anfängliche Programmladen, den Programmlauf und für die Beseitigung von Störfällen, den Computer/Bediener-Dialog sowie die Schnittstellen.[88]

Die Mustervorschriften der WIPO bezeichnen als Begleitmaterial "alle Unterlagen, die nicht ein Computerprogramm oder eine Programmbeschreibung darstellen und dazu bestimmt oder geeignet sind, das Verständnis oder die Anwendung eines Computerprogramms zu fördern, z.B. Problembeschreibungen und Benutzungsanweisungen."[89] Folgt man der oben erörterten Definition der Programmbeschreibung i.S.d. Mustervorschriften, stellen Pflichtenheft und Wartungsdokumentation daher ebenfalls Bestandteile des Begleitmaterials dar.[90]

---

[83] § 1 (ii) der Mustervorschriften, abgedruckt in GRUR Int. 1978, 286, 290 und GRUR 1979, 300, 306f.

[84] Ebenso auf die Mustervorschriften abstellend *Haberstumpf* in Lehmann Rn.24.

[85] Vgl. *Nordemann* ZUM 1985, 10, 11; *Moritz/Tybusseck* Rn.106-108; *Börner* S.17-19; *Junker* Computerrecht, Rn.32-34; *Engel* BB 1985, 1159, 1160. Unklar *Mehrings*, der sich einerseits (NJW 1986, 1904 Fn.10) ausdrücklich auf *Kindermann* bezieht, an anderer Stelle (DB 1987, 1405) jedoch offenbar die Begriffe Programmbeschreibung und Programmlogikhandbuch gleichsetzt.

[86] Anderer Begriff: Anwendungsdokumentation.

[87] *Kindermann* GRUR 1983, 150, 151.

[88] *Kindermann* GRUR 1983, 150, 151.

[89] § 1 (iii) der Mustervorschriften, abgedruckt in GRUR Int. 1978, 286, 290 und GRUR 1979, 300, 306f.

[90] So *Haberstumpf* in Lehmann Rn.25.

Die drei Komponenten der Software - Computerprogramm, Programmbeschreibung und Begleitmaterial - sind eng miteinander verbunden. Die Nutzung des Computerprogramms ist zwar in der Regel ohne Programmbeschreibung, jedoch nicht ohne Begleitmaterial möglich. Will der Benutzer das Programm dagegen ändern, warten oder weiterentwickeln, benötigt er hierzu zumindest einen Teil der Programmbeschreibung.[91]

III. Die verschiedenen Arten von Software[92]

Die einzelnen Arten von Software lassen sich nach unterschiedlichen Gesichtspunkten aufgliedern. Für die Frage der rechtlichen Einheit von Hardware und Software sind vor allem zwei Differenzierungen von Bedeutung. Während die erste Differenzierung sich an funktionellen Kriterien orientiert, sind anwendungsbezogene Kriterien für die zweite Differenzierung maßgeblich.

1. Funktionelle Kriterien

Innerhalb einer EDV-Anlage hat Software verschiedene Funktionen zu erfüllen. Nach der Nähe zur Hardware bzw. zum Benutzer werden Systemsoftware und Anwendungssoftware unterschieden.

a) **Systemsoftware**[93] dient der internen Steuerung und Verwaltung der Zentraleinheit und der Peripherie; sie versetzt die Hardware in die Lage, eine Vielzahl unterschiedlicher Anwendungsprogramme auszuführen.[94]

Innerhalb der Systemsoftware wird wiederum zwischen dem Betriebssystem und der systemnahen Software differenziert.

aa) Unmittelbar der Hardware zugeordnet und notwendigerweise an diese angepaßt ist das *Betriebssystem*[95]. Es sorgt dafür, daß die Grundfunktionen der Hardware überhaupt nutzbar gemacht werden können;[96] ohne dieses ist ein Betrieb der Hardware nicht möglich. Die DIN 44300 definiert als

---

[91] *Kindermann* ZUM 1985, 2, 4.
[92] Vgl. hierzu die Übersichten im Anhang 2.
[93] Andere Bezeichnungen: systembezogene Software, Basissoftware.
[94] *Kindermann* ZUM 1985, 2, 4; vgl. auch Lexikon Computer und Recht Stichwort "Systemsoftware", CR 1986, 521.
[95] Andere Bezeichnung: Steuerprogramme.
[96] Lexikon Computer und Recht "Begriff und Wesen der Betriebssystem-Software", CR 1986, 522.

§ 2 Technische Begriffsbestimmungen   31

Betriebssystem "die Programme eines digitalen Rechensystems, die zusammen mit den Eigenschaften der Rechenanlage die Grundlage der möglichen Betriebsarten des digitalen Rechensystems bilden und insbesondere die Abwicklung von Programmen steuern und überwachen".[97]

bb) Ebenfalls zur Systemsoftware, jedoch nicht mehr zum Betriebssystem wird die sog. *"systemnahe Software"*[98] gerechnet. Diese stellt eine Erweiterung der Funktionen dar, die das Betriebssystem abdeckt; sie ist zum Betrieb der Hardware jedoch nicht notwendig, erleichtert und verbessert aber deren Nutzung.[99] Die systemnahe Software erfüllt u.a. Funktionen wie die Steuerung und Überwachung von Datenfernverarbeitung, Datenbanksteuerung und -verwaltung sowie die Analyse von Betriebsdaten.[100] Zu dem Bereich der systemnahen Software werden auch die bereits erwähnten Übersetzungsprogramme gerechnet.[101]

cc) Die Terminologie im Bereich der Systemsoftware ist in hohem Maße uneinheitlich.[102] Da die auf dem Markt befindlichen Betriebssysteme zum Teil Funktionen enthalten, die der systemnahen Software zugerechnet werden, sind die Grenzen der verschiedenen Bereiche innerhalb der Systemsoftware fließend.[103] Die Praxis orientiert sich an der Terminologie der Hersteller und bezeichnet als Betriebssystem alle diejenigen Programme, die von den Herstellern unter dieser Bezeichnung vertrieben werden.[104]

b) Im Gegensatz zur Systemsoftware dient die **Anwendungssoftware** der Lösung eines konkreten Datenverarbeitungsproblems,[105] welches - je nach

---

[97] DIN 44300 Nr.59, abgedruckt bei *Koch* Rn.201.

[98] Andere Bezeichnung: Programmiersystem.

[99] *Zahrnt* DV-Verträge: Rechtsfragen, S.24f.; Lexikon Computer und Recht "Begriff und Wesen der Betriebssystem-Software", CR 1986, 522.

[100] Lexikon Computer und Recht Stichwort "Systemsoftware", CR 1986, 521.

[101] Vgl. *Zahrnt* DV-Verträge: Rechtsfragen, S.24f.; *Jörg Schneider* S.6. Zur Untergliederung der systemnahen Software in Dienst- und Übersetzungsprogramme vgl. *Dworatschek* S.405, 407, der die systemnahe Software als "Programmiersystem" bezeichnet; *Frank* S.13f.

[102] *Dworatschek* S.405 weist darauf hin, daß der Begriff "Betriebssystem" in einem engen und in einem weiten Sinn verstanden werden könne, wobei unter "Betriebssystem im weiten Sinne" die gesamte Systemsoftware falle. *Moritz/Tybusseck* Rn.18f. setzen die Begriffe "Betriebssystem", "Systemsoftware" und "systemnahe Software" gleich und gebrauchen andere Unterbegriffe. - Wie hier dagegen *Zahrnt* DV-Verträge: Rechtsfragen, S.24f.; *Jörg Schneider* S.6f.; Lexikon Computer und Recht "Begriff und Wesen der Betriebssystem-Software" u. passim, CR 1986, 522.

[103] Vgl. dazu Lexikon Computer und Recht Stichwort "Anwendungsprogramme, Anwendungssoftware", CR 1986, 521; *H.-J. Schneider* Lexikon Stichwort "Betriebssystem".

[104] *Jörg Schneider* S.7; vgl. auch *H.-J. Schneider* Lexikon Stichwort "Betriebssystem".

[105] *Kindermann* ZUM 1985, 2, 4.

Anwender – ganz unterschiedlicher Natur sein kann. Beispielhaft seien hier die Bereiche Finanzbuchhaltung, Produktionssteuerung oder Textverarbeitung genannt.[106]

2. Anwendungsbezogene Kriterien

Nach dem Einsatzspektrum der Software wird zwischen Individual- und Standardsoftware unterschieden.[107]

a) Unter **Individualsoftware** versteht man eine Software, die speziell für die individuellen Bedürfnisse eines Anwenders entwickelt ("maßgeschneidert") wird.[108] Zumeist ist diese Software auf die konkrete Datenverarbeitungsanlage des Anwenders zugeschnitten.[109]

Im Vorfeld der Entwicklungsphase konkretisiert der Anwender – gegebenenfalls zusammen mit dem Ersteller – seine Anforderungen an die Software durch eine möglichst genaue Leistungsbeschreibung im Pflichtenheft.[110] Sodann entwickelt der Ersteller eine Software, welche die aus den Zielen des Anwenders abgeleitete, klar definierte Datenverarbeitungsaufgabe erfüllt.[111] Die gesamten Entwicklungskosten sind von dem entsprechenden Anwender allein zu tragen.[112]

Bestandteil des erstellten Softwarepakets ist in jedem Fall das Computerprogramm in Form des Maschinenprogramms und das Begleitmaterial. Ob das Quellprogramm sowie Teile der Programmbeschreibung ebenfalls überlassen werden (müssen), ist eine Frage des Einzelfalls und beurteilt sich nach der konkreten Vertragsgestaltung.[113]

---

[106] Einen Überblick über die Einsatzmöglichkeiten von Anwendungssoftware geben *Goldschlager/Lister* S.232.

[107] Zur Entscheidungssituation des Anwenders bei der Wahl zwischen Standard- und Individualsoftware vgl. *Jörg Schneider* S.9-11, der Kriterien für die Auswahl entwickelt.

[108] Köhler in Lehmann Rn.69; *von Westphalen/Seidel* S.1; vgl. auch *Kindermann* ZUM 1985, 2, 4; *Börner* S.23; *Mehrings* NJW 1986, 1904, 1905.

[109] *H.-J. Schneider* Lexikon Stichwort "Anwendungssoftware"; *Moritz/Tybusseck* Rn.21; *Haberstumpf* in Lehmann Rn.19.

[110] Eingehend zur Leistungsbeschreibung *Nauroth* CR 1987, 153; *Koch* Rn.587.

[111] Vgl. *H.-J. Schneider* Lexikon Stichwort "Anwendungssoftware"; *Moritz/Tybusseck* Rn.21. - Zu den einzelnen Stufen der Entwicklung von Software eingehend *Kindermann* ZUM 1985, 2, 6-9; *Haberstumpf* in Lehmann Rn.26-28; *Griese* in Grochla, Handwörterbuch, Stichwort "Anwendungssoftware".

[112] Vgl. *Dörner/Jersch* IuR 1988, 137, 138; *Börner* S.23.

[113] Vgl. BGH vom 30.1.1986, BB 1986, 1319. Das LG München I vom 18.11.1988, NJW 1989, 2625f. bejaht eine Herausgabepflicht, falls Anwender und Ersteller keinen langfristigen War-

b) **Standardsoftware** wird demgegenüber nicht für die individuellen Bedürfnisse eines Anwenders, sondern von vornherein für die Verwendung bei einer Vielzahl von Anwendern hergestellt.[114]

Dabei wird - wie bei anderen Serien- und Massenprodukten - der Bedarf einer Abnehmergruppe aufgrund einer Marktanalyse ermittelt; das Ergebnis dient als Grundlage der Anforderungsspezifikation an die Software.[115] Der einzelne Anwender trägt nur einen Teil der Entwicklungskosten.[116]

In aller Regel sind die Computerprogramme bei Vertragsschluß bereits vorhanden. Wo dies nicht der Fall ist, liegt der Grund darin, daß noch Anregungen in die Programmentwicklung eingebracht werden sollen.[117]

Das dem Anwender zu übergebende Softwarepaket enthält das Computerprogramm in Form des Maschinenprogramms und das Begleitmaterial. Es ist nicht üblich, das Quellenprogramm und die Programmbeschreibung ebenfalls zu überlassen.[118]

Innerhalb der Standardsoftware können weitere Untergliederungen vorgenommen werden. Zum Teil wird zwischen "Branchenprogrammen" und "Querschnittsprogrammen" unterschieden. Während "Branchenprogramme" einen engen Einsatzbereich besitzen - beispielhaft seien Baustatikprogramme genannt -, sind Querschnittsprogramme, wie z.B. Buchhaltungs-, Textverarbeitungs- oder Lohnabrechnungsprogramme branchenunabhängig und verfügen über einen größeren Verbreitungsgrad.[119]

Teilweise wird "benutzerinduzierte Standardanwendungssoftware" von "systeminduzierter Standardanwendungssoftware" abgegrenzt. Erstere be-

---

tungsvertrag abgeschlossen haben, die Gewährleistungspflicht abgelaufen ist und eine Fehlerbeseitigung durch Dritte erforderlich wird. Zu dieser Problematik siehe zuletzt *Junker* NJW 1990, 1575, 1576 m.w.N.

[114] *Köhler* in Lehmann Rn.2; *von Westphalen/Seidel* S.1; vgl. auch *Kindermann* ZUM 1985, 2,4; *Börner* S.22; *Zahrnt* IuR 1986, 252; ders. DV-Verträge: Rechtsfragen, S.202; *Mehrings* NJW 1986, 1904, 1905.

[115] Vgl. *Gorny* CR 1986, 673, 677.

[116] Vgl. *Dörner/Jersch* IuR 1988, 137, 138; *Zahrnt* IuR 1986, 252; ders. DV-Verträge: Rechtsfragen, S.202; *Börner* S.22. Eingehend zur Entwicklung von Standardanwendungssoftware *Habel* S.35ff.

[117] Vgl. *Zahrnt* DV-Verträge: Rechtsfragen, S.202; ders. IuR 1986, 252.

[118] Bzgl. des Quellenprogramms vgl. BGH vom 30.1.1986, BB 1986, 1319, 1320; *Brandi-Dohrn* Gewährleistung, S.60; zur Megede NJW 1989, 2580, 2581; *Löwenstein* BB 1985, 1696, 1697f.; bzgl. der Programmbeschreibung vgl. *Habel* S.88, der allerdings (unzutreffend) von Programm*dokumentation* spricht.

[119] Vgl. zu dieser Unterscheidung *Möller* S.9; *Zahrnt* DV-Verträge: Rechtsprobleme, S.19; *Jörg Schneider* S.9; *Junker* Computerrecht, Rn.39.

zieht sich auf branchenspezifische Aufgabenstellungen im kommerziellen und mathematisch-technischen Bereich, letztere stellt eine Erweiterung der Funktionen des Betriebssystems dar.[120] Letztlich ist der Begriff der "systeminduzierten Standardanwendungssoftware" weitgehend deckungsgleich mit dem der "systemnahen Software", welche als Standardsoftware vertrieben wird.

Die soeben erwähnten Untergliederungen innerhalb der Standardsoftware führen jedoch bei der rechtlichen Behandlung von Hard- und Software nicht zu unterschiedlichen Ergebnissen, weshalb auf eine genauere Darstellung dieser Unterscheidungen verzichtet wird.

c) Im Schnittpunkt zwischen Individual- und Standardsoftware liegt der Bereich der **angepaßten** oder **individualisierten Standardsoftware**.[121] Hierbei handelt es sich um Standardsoftware, die nach den konkreten Bedürfnissen des Anwenders verändert wird. Technisch ist dies zum einen durch Verwendung von Basismodulen (Programmbausteinen)[122] möglich, denkbar ist jedoch auch eine flexible Programmierung der Standardsoftware.[123] Zwei Arten von Anpassungen, welche als Einrichtung und Modifikation bezeichnet werden, sind zu unterscheiden.

aa) Von einer *Einrichtung* spricht man dann, wenn aus einem Standardprogramm, welches bereits eine Menge Anwendungsmöglichkeiten enthält (sog. "generalisiertes Programm"), für die Bedürfnisse eines konkreten Anwenders eine bestimmte Kombination ausgewählt wird. Die Einrichtung eines Finanzbuchhaltungsprogramms erfolgt beispielsweise durch Mitteilung der Schlüssel für die einschlägigen Mehrwertsteuersätze ("1 = 14 %; 2 = 7 %; 3 = 0 %").[124] Diese Anpassung ist technisch gesehen Routinearbeit.[125] Das Quellenprogramm bleibt dabei unberührt; die Einstellung kann sowohl der Lieferant der Software als auch der Anwender selbst vornehmen, falls er über gewisse Grundkenntnisse verfügt.[126]

---

[120] Vgl. dazu *H.-J. Schneider* Lexikon Stichwort "Anwendungssoftware"; *Moritz/Tybusseck* Rn.22.

[121] Andere Bezeichnungen: "maßgeschneiderte" oder "variable" Standardsoftware.

[122] Vgl. *Junker* Computerrecht, Rn.39; *Zahrnt* DV-Verträge: Rechtsfragen, S.202.

[123] *Junker* Computerrecht, Rn.39.

[124] Beispiel bei *Zahrnt* BB-Beil.5/1989, S.7.

[125] Vgl. *Zahrnt* BB 1978, 133, 134.

[126] Vgl. *Zahrnt* DV-Verträge: Rechtsfragen, S.222f. Einen derartigen Fall behandelt das LG München I vom 23.1.1985, CR 1987, 364, 365 = IuR 1986, 72.

bb) Dagegen ist kennzeichnend für eine *Modifikation*, daß das Standardprogramm aufgrund einer Programmierung geändert oder ergänzt wird.[127] Die Änderung des Quellenprogramms erfolgt durch den Lieferanten. Die Abgrenzung zwischen modifizierten Standardprogrammen und Individualprogrammen ist schwierig, da die Grenzen in diesem Bereich fließend sind. Als Kriterien können hier vor allem die Preisrelation zwischen dem ursprünglichen Standardprogramm und den Anpassungsprogrammierungen sowie das technische Ausmaß der Modifikationen herangezogen werden. Beträgt das Entgelt für die Anpassungsprogrammierungen beispielsweise mehr als ein Viertel der Gesamtkosten für die Software, so wird man nicht mehr von einem modifizierten Standardprogramm, sondern von einem Individualprogramm ausgehen müssen.[128] Gleiches gilt, falls die Modifikationen die Software nicht mehr "für die Verwendung bei einer Vielzahl von Anwendern" als geeignet erscheinen lassen, etwa weil Standardfunktionen in erheblichem Umfang durch atypische Funktionsabläufe ersetzt werden.

cc) Die Unterscheidung zwischen nichtangepaßter und individualisierter Standardsoftware findet ihren Niederschlag in den "Besonderen Vertragsbedingungen für die Überlassung, Erstellung und Pflege von DV-Programmen" (*BVB-Computersoftware*), welche die öffentliche Hand beim Erwerb von Software zugrundelegt: dort werden für beide Arten von Standardsoftware unterschiedliche Vertragstypen zur Verfügung gestellt.[129]

d) Ebenfalls im Schnittpunkt zwischen Standard- und Individualsoftware - jedoch eher der Individualsoftware zuzuordnen - liegt der Bereich der Produkte, welche im folgenden als **standardisierte Individualsoftware** bezeichnet werden sollen. Hierbei handelt es sich um Individuallösungen, welche ursprünglich für einen einzelnen Anwender erstellt worden sind, dann allerdings - gegebenenfalls leicht modifiziert - auch anderen Anwendern überlassen werden.[130] Die Erstellung der Software für den ersten Anwender qualifiziert diese als Individualsoftware, zumal der Anwender aufgrund des von ihm ausgearbeiteten Pflichtenhefts in weitgehendem Umfang auf die

---

[127] Vgl. *Zahrnt* DV-Verträge: Rechtsfragen, S.224.

[128] Ebenso LG Augsburg vom 5.5.1988, CR 1989, 22, 25. Zu pauschal dagegen OLG Köln vom 22.6.1988, NJW 1988, 2477, 1.Leitsatz: "Die Vorschriften des Werkvertragsrechts finden Anwendung, wenn der Hersteller und Lieferant von Software diese auf die Bedürfnisse des Kunden umarbeitet ('umstrickt')."

[129] Vgl. §§ 1ff. BVB-Computersoftware, abgedruckt bei *Müller-Hengstenberg* S.25ff.; *Zahrnt* BB 1978, 133ff.

[130] Vgl. auch *Zahrnt* DV-Verträge: Rechtsfragen, S.202; *Jörg Schneider* S.10.

individuelle Gestaltung der Software Einfluß nimmt. Wird die Software danach jedoch im wesentlichen unverändert anderen Anwendern zur Verfügung gestellt, ist sie trotz des atypischen Entstehungsprozesses im Rahmen dieser Überlassungen als Standardsoftware einzuordnen.[131] Ob Anpassungen der Software aufgrund konkreter Wünsche weiterer Anwender diese im Einzelfall als Individualsoftware erscheinen lassen, ist vom Ausmaß der Anpassungen unter Berücksichtigung der oben erwähnten Kriterien abhängig.

e) Setzt man funktionelle und anwendungsbezogene Kriterien zueinander in Bezug, so ergibt sich folgendes Bild:

Im Bereich der Systemsoftware handelt es sich bei Betriebssystemen in aller Regel um Standardsoftware. Der Grund dafür liegt in den hohen Entwicklungskosten eines Betriebssystems, was auf die Komplexität derartiger Computerprogramme zurückzuführen ist.[132] Systemnahe Software wird ebenfalls in der Regel als Standardsoftware überlassen. Allerdings entwickeln größere Unternehmen vereinzelt systemnahe Software hausintern oder lassen anderweitig bezogene Software anpassen.[133]

Im Gegensatz dazu findet sich Anwendungssoftware auf dem Datenverarbeitungsmarkt sowohl als (angepaßte) Standardsoftware als auch als (standardisierte) Individualsoftware. Das wirtschaftliche Schwergewicht, welches ursprünglich auf der individuellen Erstellung von Software lag, verlagert sich dabei zusehends auf die Standardsoftware,[134] was auf die wachsende Kompatibilität, die Benutzerfreundlichkeit, den steigenden Komfort und den erhöhten Leistungsumfang dieser Softwareart zurückzuführen ist.

---

[131] Ebenso *Brandi-Dohrn* CR 1986, 63ff.

[132] Vgl. *Jörg Schneider* S.9, 11.

[133] *Jörg Schneider* S.11.

[134] Vgl. die Übersicht "Wachstumsmarkt Standardsoftware" in ÖVD/Online 10/1987, S.68; "Turbulenzen in der Software-Szene" (kein Autor) in ÖVD/Online 12/1987, S.44, 46; *Jörg Schneider* S.11.

§ 3 Wirtschaftliche Ausgangssituation

I. Die Entwicklung vom "Bundling" zum "Unbundling"

Ausgangspunkt der Trennung von Hard- und Software ist das Konzept der Speicherprogrammierung, das auf *John von Neumann* zurückgeht. Ursprünglich wurden die Computerprogramme in der Hardware fest verdrahtet. Ein Austausch oder eine Veränderung war nur unter erheblichem Zeitaufwand möglich. Indem *von Neumann* die Möglichkeit entwickelte, Programme in einen Speicher (den Hauptspeicher) zu laden, und diesen jederzeit zu löschen, zu modifizieren oder neu zu laden, war die Grundlage geschaffen, durch relativ problemlosen Austausch der Programme eine Datenverarbeitungsanlage vielseitig verwendbar zu machen.[135]

Bis zum Ende der sechziger Jahre lag die Entwicklung und Produktion der (austauschbaren) Software zum größten Teil in den Händen der Hardwarehersteller,[136] wenn auch in gewissem Maße bereits damals Anwendungsprogramme von herstellerunabhängigen Softwarehäusern angeboten wurden.[137] Da das Verhältnis der Entwicklungskosten der Software zu denen der Hardware bei den ersten EDV-Systemen gering war - der Anteil der Softwarekosten an den Datenverarbeitungsgesamtkosten in den Jahren 1955 bis 1957 betrug ca. 15-25 %[138] -, hatte sich bei den Hardwareherstellern die Übung herausgebildet, die gesamte Software ohne Berechnung bei der Überlassung der Hardware mitzuliefern.[139] Gleiches galt für sonstige Dienstleistungen, wie etwa die vorausgehende Beratung, die Ausbildung der Anwender, die Installation und (teilweise) die Wartung von vermieteten Anlagen.[140] Anfangs war dieser "Service" der Hersteller nahezu zwingend, da nur auf diese Weise die Anwender dazu bewegt werden konnten, ein neues, unbekanntes und zudem teures Produkt - eine Datenverarbeitungs-

---

[135] Vgl. *Löbel/Müller/Schmid* Lexikon Stichwort "Speicherprogrammierung".
[136] Vgl. *Möller* S.15; *Moritz/Tybusseck* Rn.41.
[137] Vgl. *Moritz/Tybusseck* Rn.43.
[138] Vgl. *Möller* S.13f.
[139] Vgl. *Möller* S.15; *Fisher/McGowan/Greenwood* S.202; *Frank* S.20; *Jörg Schneider* S.51; *Zahrnt* DV-Verträge: Rechtsprobleme, S.101.
[140] Vgl. *Fisher/McGowan/Greenwood* S.198; *Frank* S.20.

anlage - zu erwerben. Der Schwerpunkt der Überlassung lag in allen Fällen auf der Hardware; die anderen Dienstleistungen waren nur Hilfen zur Förderung dieses Zweckes.[141]

Die Praxis der Bündelung (*"Bundling"*)[142] sämtlicher Leistungen in einem Vertrag, in dem zum Teil nur die Hardware aufgeführt wurde, änderte sich grundlegend, als der Marktführer IBM in den Vereinigten Staaten seine bereits im Dezember 1968 angekündigte Absicht[143] am 23. Juni 1969 wahr machte und die Trennung der Preise für Hardware, Software (mit Ausnahme der Betriebssystemsoftware) und die meisten Schulungs- und Unterstützungsleistungen verkündete.[144] Der Grund für diese Entscheidung lag in den erheblich gestiegenen Kosten für die Softwareentwicklung und Wartung[145]: immer mehr hatte sich herausgestellt, daß insbesondere die Softwareentwicklung zu einem Verlustbereich geworden war, den man hoffte, durch gesonderte Preisstellung in einen Profit-Bereich zu verwandeln.[146] Hinzu trat der Umstand, daß die amerikanische Regierung zu diesem Zeitpunkt eine "Anti-Trust-Klage" gegen IBM erhoben hatte,[147] in welcher sie die "Bundling"-Strategie des Konzerns zum einen als unzulässige Marktzutrittsschranke wertete und ihm zum anderen bedingt durch das "Bundling" Diskriminierung der Kunden durch flexible Leistungsgestaltung bei identischer Preisstellung vorwarf.[148] Andere Hardwarehersteller schlossen sich der Politik des *"Unbundling"* an; 1970 wurde die Preistrennung auf dem europäischen Markt eingeführt.[149] Die neue Politik des "Unbundling" hatte eine Erhöhung der Gesamtkosten für Datenverarbeitungsanlagen zur

---

[141] Vgl. *Fisher/McGowan/Greenwood* S.198.

[142] Eingehend zum "Bundling" *Fisher/McGowan/Greenwood* S.197-208.

[143] Vgl. *Fisher/McGowan/Greenwood* S.202.

[144] Vgl. *Jörg Schneider* S.51f. Dieses Vorgehen wird auch als "separate element pricing" bezeichnet; vgl. *Fuchs* S.80.

[145] Zur Entwicklung der Softwarekosten vgl. die Graphiken bei *Möller* S.14; *Zahrnt* DV-Verträge: Rechtsprobleme, S.35.

[146] Vgl. *Möller* S.16.

[147] Umfassend zu diesem Rechtsstreit *Fisher/McGowan/Greenwood* Der Anti-Trust-Fall US gegen IBM.

[148] Vgl. *Fisher/McGowan/Greenwood* S.197f. Diese bezeichnen die Frage, inwieweit die "Anti-Trust-Klage" bei der Entscheidung zu entbündeln eine Rolle gespielt hat, jedoch als "rein spekulativ" (S.202). Bejahend dagegen *Möller* S.16; *Moritz/Tybusseck* Rn.45; *Jörg Schneider* S.52.

[149] Vgl. *Möller* S.16; *Fuchs* S.81; *Frank* S.20; *Jörg Schneider* S.52f.

§ 3 Wirtschaftliche Ausgangssituation

Folge;[150] die Transparenz der Software-Kosten führte jedoch auch zu einem gesteigerten Kostenbewußtsein der Anwender.[151] Zugleich wurde das Wachstum herstellerunabhängiger Softwarehäuser gefördert,[152] welche nun im direkten Vergleich mit den Hardwareherstellern vielfach nicht nur qualitativ bessere Software als diese anbieten konnten, sondern außerdem Software für völlig neue Anwendungen auf den Markt brachten,[153] was wiederum eine Expansion des Softwaremarkts sowohl im Bereich der System- als auch der Anwendungssoftware nach sich zog.

Ihren Abschluß fand diese Entwicklung 1979, als IBM auch die Preise im Betriebssystembereich seperat angab[154] und damit den letzten Bereich, in dem die Strategie des "Bundling" noch betrieben wurde, in ihre Politik des "Unbundling" einbezog.

Betrachtet man die Auswirkungen des "Unbundling" auf den Softwaremarkt aus heutiger Sicht, so ist festzustellen, daß derzeit kaum noch Hersteller Software ohne gesonderte Berechnung überlassen.[155] Eine Ausnahme bildet jedoch der Bereich der Betriebssysteme. Nicht selten wird heute noch beim Erwerb der Hardware das Betriebssystem ohne gesonderte Berechnung beigefügt.[156] Allerdings ist auch hier ein starker Trend zum "Unbundling" zu beobachten.[157]

II. Der heutige Datenverarbeitungsmarkt in der Bundesrepublik Deutschland

Der heutige Datenverarbeitungsmarkt in der Bundesrepublik Deutschland setzt sich aus mehreren Anbietergruppen zusammen.

Hardware-Hersteller größerer Anlagen (über 500.000,- DM) und kleiner oder mittlerer Anlagen (25.000,- DM bis 500.000,- DM) vertreiben diese

---

[150] *Möller* S.16 erwähnt Schätzungen, die je nach Branche und Unternehmensgröße zwischen 10 % und 30 % liegen.

[151] Vgl. *Möller* S.16.

[152] Vgl. *Moritz/Tybusseck* Rn.46; *Junker* Computerrecht, Rn.58; ders. JZ 1988, 464, 465.

[153] Vgl. *Möller* S.17.

[154] Vgl. *Jörg Schneider* S.53.

[155] Vgl. *Moritz/Tybusseck* Rn.46.

[156] Vgl. *Junker* Computerrecht, Rn.265; *H.-J. Schneider* Lexikon Stichwort "Unbundling". Beispielhaft hierzu der Fall des LG Aachen vom 2.7.1986, CR 1988, 216.

[157] Vgl. *Dahmen* ÖVD/Online 1/1983, S.44ff.; *Jörg Schneider* S.139; *Börner* S.59; *Kindermann* CR 1986, 446f.; *Müller-Hengstenberg* CR 1986, 441, 443.

zumeist direkt oder über Werksvertretungen. Demgegenüber werden Anlagen der untersten Größenklasse sowie Personal Computer oft über Bürofachhändler[158], Kaufhausketten oder Computerläden ("Computershops"), welche auf die Veräußerung von EDV-Komponenten spezialisiert sind, abgesetzt.[159] Ein Großteil der Hardware-Hersteller verfügt zudem über ein umfassendes Angebot an Standardsoftware. Dieser Geschäftszweig gewinnt in steigendem Maße für die Hersteller an Bedeutung.[160] Der Marktanteil der Hardware-Hersteller im Bereich von Software- und DV-Dienstleistungen in der Bundesrepublik Deutschland im Jahre 1988 betrug neuesten Untersuchungen zufolge 30 %.[161]

An zweiter Stelle sind *herstellerunabhängige Softwarehäuser* zu nennen, welche neben Individualsoftware vermehrt auftragsunabhängig Standardsoftware erstellen, um so auf dem Markt ein möglichst großes Ansatzpotential zu erfassen.[162] Soweit es sich um Standardsoftware der unteren Preisklasse handelt (bis ca. 5000,-DM), wird diese analog zur Hardware der untersten Größenklasse über dieselben Vertriebswege abgesetzt.[163] *Systemhäuser* unterscheiden sich von Softwarehäusern dadurch, daß sie ganze Hardware-Systeme oder Komponenten inklusive der Software unter eigenem Namen vermarkten.[164] In der Regel werden die Hardware und das Betriebssystem dabei von einem Hardwarehersteller bezogen, während das Systemhaus die anwendungsbezogenen Programme erstellt.[165] Der Marktanteil herstellerunabhängiger Softwarehäuser und Systemhäuser im Softwarebereich belief sich 1988 auf 45 % des Gesamtvolumens.[166]

Der ursprüngliche Aufgabenbereich von *Rechenzentren* lag in der Bereitstellung von Computerleistungen, insbesondere von Rechenzeit. Mit der Verbreitung von kleineren und mittleren Anlagen und Personal Com-

---

[158] Vgl. *Zahrnt* DV-Verträge: Rechtsprobleme, S.46.

[159] Zu den Marktanteilen der einzelnen Anbieter auf dem deutschen Markt vgl. die Zusammenstellung von *Jörg Schneider* Anhang 3, S.207f.

[160] Vgl. *Jörg Schneider* S.14; *Maenner* S.33.

[161] Quelle: VDMA, IDC, ÖVD/Online 6/1989, S.45. Eingehend zur Stellung der Hardware-Hersteller auf dem Software-Markt *Habel* S.31ff.

[162] Eingehend *Möller* S.17ff., 41f.; vgl. auch *Moritz/Tybusseck* Rn.52.

[163] Vgl. *Jörg Schneider* S.15.

[164] Vgl. *Möller* S.38; *Moritz/Tybusseck* Rn.53.

[165] Vgl. *Zahrnt* DV-Verträge: Rechtsprobleme, S.46; *Maenner* S.30; *Jörg Schneider* S.14f.

[166] Quelle: VDMA, IDC, ÖVD/Online 6/1989, S.45. - Zur Entwicklung der 15 größten deutschen Softwareanbieter des Jahres 1986 vgl. ISIS-Firmenreport, ÖVD/Online 12/1987, S.50.

putern sank jedoch die Nachfrage nach zentralisierter Datenverarbeitung in derartigen Institutionen. Viele Rechenzentren haben daher den Schwerpunkt ihres Angebots auf die Erstellung und den Vertrieb von Software verlagert.[167]

Die letzte Anbietergruppe bilden *Unternehmensberatungen*, welche zunehmend EDV-Beratungsabteilungen angegliedert haben. Im Gefolge des Aufbaus eigener Systemanalytiker- und Programmiergruppen haben diese eigene Software-Produkte entwickelt, welche ebenfalls vermarktet werden.[168]

§ 4 Die Systemverantwortung

I. Der Begriff der Systemverantwortung

Erwirbt ein Anwender eine aus Hardware und Software bestehende Datenverarbeitungsanlage, so sind zwei Problemkreise voneinander zu unterscheiden. Zum einen stellt sich die Frage, wer das Risiko der *technischen Funktionsfähigkeit des Datenverarbeitungssystems als Gesamtheit von Hardware und Software* zu tragen hat. Davon zu unterscheiden ist die Frage, wer die Verantwortung für das Zustandekommen des erstrebten *wirtschaftlichen Erfolgs* trägt. Beide Problemkreise werden unter dem Stichwort der "Systemverantwortung" erörtert.[169]

II. Die Risikoverteilung hinsichtlich der technischen Funktionsfähigkeit des Datenverarbeitungssystems als Gesamtheit von Hardware und Software

1. Vielfach wird dem Anwender geraten, Hardware und Software "aus einer Hand" zu beziehen,[170] um die aus dem Zusammenspiel beider Komponenten resultierenden Gefahren möglichst gering zu halten. In der Tat dro-

---

[167] Vgl. *Möller* S.41; *Moritz/Tybusseck* Rn.55; *Jörg Schneider* S.15.

[168] Vgl. *Möller* S.41; *Moritz/Tybusseck* Rn.54.

[169] Vgl. *Zahrnt* DV-Verträge: Aus der Praxis, S.52 u. passim. Vom o.g. Ansatz abweichend *Heussen* NJW 1988, 2441ff.; ders. GRUR 1987, 779, 785; ders. in Kilian/Heussen Kap.24 Rn.1ff. Eingehend zu Systemverträgen und der damit zusammenhängenden Systemverantwortung *J.Schneider* Praxis J 1ff.

[170] Vgl. *Etter* CR 1985, 139, 141; *Kropshofer/Spurzem* CR 1986, 646; *Junker* Computerrecht, Rn.377f.

hen bei getrenntem Erwerb von Hardware und Software in mehrerlei Hinsicht Unwägbarkeiten. An erster Stelle sind *Kompatibilitätsmängel* aufzuführen. Unter Kompatibilität wird die Eigenschaft von Hardware- und Softwareeinheiten verstanden, untereinander austauschbar und zu einem System zusammensetzbar zu sein.[171] Kompatibilität ist unabdingbare Voraussetzung der Funktionstüchtigkeit des Gesamtsystems.[172] Stellt sich nach dem Erwerb heraus, daß Hard- und Software nicht kompatibel sind, besteht die Gefahr, daß der in Anspruch genommene Hardware-Lieferant auf einen Beratungsfehler des Software-Lieferanten verweist und umgekehrt.[173] Gleiches gilt bei *Kapazitätsmängeln*,[174] worunter das mangelnde Fassungsvermögen von Speichern innerhalb der Hardware verstanden wird:[175] ob die Hardware eine zu geringe Speicherkapazität enthält oder die Software zu "mächtig" für die Hardware ist (d.h. zu viel Speicherkapazität benötigt), ist eine Frage der Perspektive, die sich je nachdem, ob Hard- oder Software-Lieferant in Anspruch genommen werden, verschiebt. Schließlich besteht bei *Funktionsstörungen* häufig das Problem, die jeweilige Störung eindeutig der Hardware oder Software zuzuordnen:[176] Hier gerät der Anwender bei wechselseitiger Entlastung der Lieferanten in eine Beweisnot, die um so schwerer wiegt, je weniger der Anwender über Datenverarbeitungskenntnisse verfügt. Durch den Erwerb "aus einer Hand" vermeidet der Anwender, "zwischen die Stühle zu fallen". Dennoch ist mit dem Erwerb "aus einer Hand" die Frage der Risikoverteilung hinsichtlich der technischen Funktionsfähigkeit des *Gesamtsystems* noch nicht beantwortet, was anhand eines Beispiels erläutert werden soll.

2.a) Rechtsanwalt A möchte in seiner Kanzlei elektronische Datenverarbeitung einführen. Er trägt diesen Wunsch dem Lieferanten L vor. Beide Parteien kommen überein, daß L dem A Hardware für einen Zeitraum von fünf Jahren vermietet und ein "Anwaltssoftwarepaket" überläßt, welches die Bereiche Mandantenbuchhaltung, Mahnwesen, Gebührenrechnung, Telekommunikation usw. beinhaltet. Die Software stellt sich als fehlerhaft heraus, da Gebührenrechnungen nur bis zu einer Höhe von 999,-

---

[171] Vgl. *H.-J. Schneider* Lexikon Stichwort "kompatibel". Ein Beispiel für fehlende Kompatibilität ("Medienbruch") gibt *Gorny* CR 1986, 673, 676.

[172] Vgl. *Jörg Schneider* S.12.

[173] Vgl. *Junker* Computerrecht, Rn.377.

[174] Vgl. *Junker* Computerrecht, Rn.377.

[175] Vgl. *Löbel/Müller/Schmid* Lexikon Stichwort "Kapazität".

[176] Vgl. *Junker* Computerrecht, Rn.377.

DM erstellt werden können und beim Ausdrucken (aufgrund mangelhafter Druckeranpassung) statt Umlauten Fragezeichen ausgeworfen werden. Bis zur Behebung der Mängel kann A die ihm bereits zur Verfügung gestellte Hardware für die Dauer von drei Monaten nicht nutzen.

b) Hier differiert die Interessenlage der Parteien. Für den Anwender (A) steht im Vordergrund der Einsatz einer funktionstüchtigen Datenverarbeitungsanlage; die einzelnen Bestandteile sind dabei von untergeordneter Bedeutung. Bei auftretenden Funktionsstörungen ist für A in erster Linie maßgeblich, daß seine DV-Anlage nicht einsatzbereit ist, nicht jedoch ob der Fehler der Sphäre der Hardware oder der Software entstammt. Mängel der Hard- oder Software stellen sich für ihn als Mängel des DV-Gesamtsystems dar.[177] Aus der Sicht des A ist es daher interessengerecht, daß der Mietzins für den Zeitraum, in dem die Hardware aufgrund der mangelhaften Software nicht eingesetzt werden konnte, entfällt, der Lieferant also das Risiko der technischen Funktionsfähigkeit des *Gesamtsystems* übernimmt.

Demgegenüber entspricht es dem Interesse des Lieferanten, dieses Risiko auf den Anwender zu übertragen. Das erscheint deshalb gerechtfertigt, weil der Lieferant auch weiterhin für die technische Funktionsfähigkeit der Hardware bzw. der Software einzustehen hat: Gewährleistungsansprüche hinsichtlich der einzelnen Systembestandteile werden durch die Risikoverlagerung auf den Anwender nicht berührt. Folgt man dieser Auffassung, ist im obigen Beispiel ein Wegfall des Mietzinses für die ordnungsgemäß zur Verfügung gestellte Hardware daher in der Regel nicht in Betracht zu ziehen.

c) Welchem Interesse der Vorrang zu gewähren ist, hängt in entscheidendem Maße von den Umständen des Einzelfalls ab: handelt es sich um ein DV-System, das sich technisch als eine Einheit darstellt oder sind Lieferant und Anwender bei der Vertragsgestaltung von einem einheitlichen DV-System ausgegangen und haben dies insbesondere in *einem* Vertrag niedergelegt, so spricht das für eine Risikoverteilung zu Lasten des Lieferanten; anderes muß im Falle *zweier getrennter* Vereinbarungen gelten, wenn beide Parteien erkennbar Hardware und Software als zwei voneinander unabhängige Vertragsgegenstände angesehen haben.

---

[177] Zur Interessenlage des Anwenders vgl. auch OLG Hamm vom 25.5.1986, CR 1988, 297, 302.

3. Das Ausmaß der *technischen und rechtlichen Einheit von Hardware und Software* sowie die Frage der Risikoverteilung hinsichtlich der technischen Funktionsfähigkeit eines Datenverarbeitungssystems als Gesamtheit von Hardware und Software stehen mithin in direktem Zusammenhang: je eher Hardware und Software als einheitliche Leistung anzusehen sind, desto eher trägt der Lieferant das Risiko der Funktionsfähigkeit des DV-Gesamtsystems.

III. Die Verantwortung für das Zustandekommen des erstrebten wirtschaftlichen Erfolgs

Die Anschaffung einer Datenverarbeitungsanlage unterscheidet sich von herkömmlichen Umsatzgeschäften durch die atypische Ausgangslage der betroffenen Parteien. Zwei Beispiele veranschaulichen dies.

1. Erwirbt ein Fuhrunternehmen einen Lastkraftwagen, so wird Gegenstand der Vertragsverhandlungen mit dem Veräußerer die Leistung des Fahrzeugs, die zulässige Höchstbelastung u.ä. sein. Inwieweit die Anschaffung wirtschaftlich für den Betrieb sinnvoll ist und ob gerade der vom Interessenten ausgewählte LKW im Hinblick auf seine Leistungsfähigkeit den konkreten betrieblichen Anforderungen genügt, ist eine Frage, welche einseitig durch den Käufer entschieden wird.

Der Verkäufer ist an dieser Entscheidung nicht beteiligt, da der Käufer aufgrund des auf seiner Seite vorhandenen Wissens unter Berücksichtigung der ihm mitgeteilten technischen Daten über genügend Informationen verfügt, um eine Entscheidung treffen zu können. Die Verantwortung für den erstrebten wirtschaftlichen Erfolg liegt somit allein beim Erwerber.

2. Anders stellt sich die Ausgangslage beim Erwerb einer Datenverarbeitungsanlage dar. Der bereits oben II 2 erwähnte Rechtsanwalt, der in seiner Kanzlei elektronische Datenverarbeitung einführen will, ist in aller Regel - insbesondere wenn es sich um einen Erstanwender handelt - bei der Beantwortung der Frage, welches Datenverarbeitungssystem er benötigt, überfordert. Die Wahl der erforderlichen Zentraleinheit, des Betriebssystems (z.B. DOS, Unix oder OS/2)[178], des Druckers, und vor allem der seinen Bedürfnissen entsprechenden Anwendungssoftware setzen ein technisches Grundwissen voraus, über das der Anwender in der Regel nicht ver-

---

[178] Vgl. dazu *Borchers* DOS, Unix, OS/2 oder die Qual der Wahl, SZ-Beil. vom 26.9.1989, S.49.

fügt. Auch die Übermittlung der grundlegenden technischen Daten durch den Veräußerer (beispielsweise: "2 MB RAM; 80 MB Speicherkapazität bzgl. der Zentraleinheit") versetzt den Anwender nicht in die Lage, nunmehr sein Anforderungsprofil genauer zu spezifizieren: ihm fehlt die Fähigkeit zu beurteilen, ob die technischen Eigenschaften des DV-Systems seinen wirtschaftlichen Zielvorstellungen gerecht werden. Die Entscheidung, welche Konfiguration den wirtschaftlichen Anforderungen des Anwenders am ehesten entspricht, wird daher vielfach zu einem maßgeblichen Teil dem Lieferanten überlassen. Fraglich ist jedoch, ob damit zugleich eine Verlagerung der *Verantwortung* für das Zustandekommen des erstrebten wirtschaftlichen Erfolgs verbunden ist.

3. Betrachtet man die Umstände, welche Anlaß zur Frage einer Verlagerung der Verantwortung geben, genauer, so wird deutlich, daß es sich dabei letztlich um ein Problem des Inhalts und Umfangs von *Aufklärungs- und Beratungspflichten*[179] handelt, welche aus der Diskrepanz des Informationsstands der Parteien[180] resultieren: dem Informationsbedarf über die wirtschaftliche Verwertbarkeit des DV-Gesamtsystems auf seiten des Anwenders steht die Möglichkeit der Information auf seiten des Lieferanten gegenüber.[181] Eine Verantwortung des Lieferanten für das Zustandekommen des erstrebten wirtschaftlichen Erfolgs wird dabei um so eher zu bejahen sein, je größer der Informationsbedarf des Anwenders ist und je eher der Lieferant in der Lage ist, dem Anwender diese Information zu geben.[182] Dementsprechend hat der *BGH* in einem Fall, in dem ein Lieferant eine Kombination von Hard- und Software empfohlen hatte, welche der konkreten innerbetrieblichen Organisation des Anwenders (eines EDV-Laien) nicht gerecht wurde, ausgeführt: "Die der Anschaffung einer EDV-Anlage vorausgehende Beratungstätigkeit begründet spezifische Sorgfaltspflichten des Herstellers/Lieferanten von Hardware und Software gegenüber dem an ihrer Einführung interessierten Kunden. Dazu tritt regelmäßig ... das Ver-

---

[179] Eingehend zu Aufklärungs- und Beratungspflichten im EDV-Bereich *J.Schneider* Praxis D 186ff.
[180] Zum Informationsgefälle zwischen Anwender und Lieferant vgl. *Heussen* NJW 1988, 2441, 2442.
[181] Zum Zusammenspiel der Kriterien Informationsbedarf und Möglichkeit der Information vgl. *Breidenbach* Informationspflichten § 13 I und II.
[182] Vgl. auch *Breidenbach* CR 1989, 600, 601.

trauen des Laien in die Fachkunde des Herstellers."[183] Wegen der Verletzung von Beratungspflichten hat der *BGH* dem Anwender daher (dem Grunde nach) einen Ersatzanspruch aus culpa in contrahendo zugebilligt.[184]

Vollkommen unabhängig ist die Verantwortung für das Zustandekommen des erstrebten wirtschaftlichen Erfolgs jedoch von dem Ausmaß einer *rechtlichen oder technischen Einheit von Hardware und Software*: die Trennung bzw. Verbindung von Hard- und Software zu einem Gesamtsystem hat nicht einmal indizielle Bedeutung dafür, ob der vom Anwender erstrebte wirtschaftliche Einsatz der DV-Anlage eher dessen Verantwortungsbereich oder dem des Lieferanten zuzuordnen ist.

---

[183] Vgl. BGH vom 6.6.1984, NJW 1984, 2938 = CR 1986, 79, 82. Zur Beratungspflicht des Lieferanten aufgrund des Informationsgefälles vgl. auch OLG Stuttgart vom 18.10.1988, CR 1989, 598ff. m.Anm.v. *Breidenbach*; *Junker* NJW 1990, 1575, 1580f.

[184] Da der Anspruch möglicherweise verjährt war, hat der BGH den Fall zur weiteren Sachaufklärung zurückverwiesen, vgl. CR 1986, 79, 82f. - Ein besonders krasser Fall einer unzureichenden Beratung lag der Entscheidung des OLG München vom 25.9.1986 - "Musikalienkatalog" -, CR 1987, 675 zugrunde: dort hätte der Anwender nach dem Konzept des Lieferanten allein zur Abspeicherung der erforderlichen Daten 23 Jahre (!) benötigt; s. zu dieser Entscheidung auch *J.Schneider* Praxis D 192ff.

Zweites Kapitel

Die Überlassung von Hardware und Software "aus einer Hand"

Erwirbt der Anwender Hard- und Software aus einer Hand, so kann dies im Rahmen eines einheitlichen Vertrags erfolgen; möglich ist jedoch auch die Überlassung im Rahmen mehrerer getrennter Verträge.

§ 5 Die Überlassung im Rahmen eines einheitlichen Vertrags

I. Differenzierung zwischen technischer und rechtlicher Einheit -

Die Überlassung von Hard- und Software in einem Vertrag kann auf zwei Umstände zurückzuführen sein. So kann die Vertragseinheit sich schon daraus ergeben, daß Hard- und Software eine untrennbare *technische Einheit* - ein einheitliches Produkt - bilden, so daß sie als ein Vertragsgegenstand erscheinen. Aber auch bei Verneinung einer derart weitreichenden technischen Einheit können die Parteien eine Verbindung von Hard- und Softwareleistungen im Sinne einer *rechtlichen Einheit* vereinbaren: ihnen steht es frei, verschiedene Leistungen in einem einheitlichen Vertrag zusammenzufassen. Dabei ergibt sich die Notwendigkeit einer Differenzierung zwischen technischer und rechtlicher Einheit - deren auf den ersten Blick übereinstimmende Folge ein einheitlicher Vertrag ist - aus den *unterschiedlichen Rechtsfolgen* beim Auftreten von Leistungsstörungen. Ist etwa (falls die Parteien die Überlassung in Form eines Kaufvertrags vereinbart haben) die Hardware mangelhaft, so beurteilt sich im Falle einer technischen Einheit ein Wandelungs- bzw. Minderungsrecht des Käufers nach §§ 459ff. BGB; sind Hard- und Software dagegen als zwei unterschiedliche Vertragsgegenstände aufzufassen, die im Rahmen eines rechtlich einheitlichen Vertrags überlassen wurden, sind die Vorschriften der §§ 469 - 471 BGB heranzuziehen.

Im folgenden wird daher zunächst (II) untersucht, unter welchen Voraussetzungen eine technische oder rechtliche Einheit von Hard- und Software - und somit ein einheitlicher Vertrag - bejaht werden kann; während im Anschluß daran (III) die Rechtsfolgen eines einheitlichen Vertrags dargestellt werden.

II. Voraussetzungen eines einheitlichen Vertrags

1. Kriterien einer technischen Einheit

a) Der Befund in der Judikatur

aa) Die Entscheidung des BGH vom 23.2.1977

In dem Fall, der der Entscheidung des *BGH* vom 23.2.1977[1] zugrundelag, hatte ein Anwender bei einem Lieferanten eine standardisierte Datenverarbeitungsanlage aus einem Katalog ausgewählt und zugleich mit dem Lieferanten vereinbart, daß dieser die Anlage aufstellte und in umfangreichem Maße individuelle Programmierungsarbeiten vornahm. Die Finanzierung erfolgte im Rahmen eines Leasingvertrags. Die Kapazität der Hardware erwies sich als zu gering. Der Anwender machte daraufhin Schadensersatzansprüche gemäß § 463 BGB geltend mit der Begründung, der Lieferant habe die Kapazität der Anlage zugesichert. Der *BGH* qualifizierte die Programmierung als werkvertraglichen Leistungsteil und führte aus, daß es sich hierbei zwar nicht um eine bloße Nebenleistung handle, die den Charakter des Gesamtgeschäfts als Kaufvertrag unbeeinflußt ließe. Andererseits ständen "die Lieferung der Computerteile und die Programmierung nicht in einer so engen Verbindung, daß man beide Leistungsteile nur als rechtlich einheitliche Leistung begreifen müßte". In einem solchen Fall erscheine "es gerechtfertigt, das Gesamtgeschäft entweder als gemischtes Geschäft mit rechtlich verschieden zu qualifizierenden Teilen zu behandeln oder aber die Lieferung der Geräteteile doch als beherrschende Hauptsache anzusehen."[2] Die Lösung dieser Frage konnte der *BGH* jedoch offen lassen, da sie nicht entscheidungserheblich war.

---

[1] WM 1977, 390.
[2] Vgl. BGH unter II.2. der Entscheidungsgründe.

bb) Die Entscheidung des BGH vom 20.6.1984

In der Entscheidung vom 20.6.1984[3] hatte der *BGH* einen Fall zu beurteilen, in dem aufgrund eines Leasingvertrags ein "Praxis-Computer-System" überlassen worden war. Zu der Frage, ob der Leasingvertrag nur die Hardware oder auch die (mangelhafte) Software mitumfaßte, die im Leasingvertrag nicht ausdrücklich erwähnt worden war, führte der *BGH* aus: "Werden ... Standardprogramme für die Steuerung einer 'Konfiguration' von Hardware angeboten, so bilden Hardware und Software einen auch im Rechtssinne einheitlichen Anschaffungsgegenstand. Das gilt besonders dann, wenn der Hersteller/Lieferant Hardware und Software zur Bewältigung bestimmter typischer Aufgaben ... aufeinander abgestimmt anbietet."[4] Wenig später heißt es im Urteil: "Für eine Trennung von Hardware und Software in tatsächlicher und rechtlicher Hinsicht ist danach im vorliegenden Fall kein Raum. Hardware und Software sind mithin Gegenstand des Leasingvertrages ... ".[5]

cc) Die Entscheidung des BGH vom 24.6.1986

Der Entscheidung vom 24.6.1986[6] lag ein Fall zugrunde, in dem ein besonders wichtiger Kunde der Beklagten kurzfristig eine Umstellung des Bestell- und Abrechnungsverkehrs auf EDV verlangt hatte. Die Beklagte schloß daraufhin mit der Klägerin, einer EDV-Lieferantin, einen Vertrag, der die Lieferung von Hardware gegen monatliches Entgelt sowie die Erstellung von Individualsoftware gegen ein einmaliges Entgelt zum Gegenstand hatte. Der Vertrag enthielt eine Klausel, in der die Klägerin sich verpflichtete, "ein Terminal für die Verarbeitung des bekannten S-Projektes zu installieren" und "Einführung zum 1. September 1980" garantierte. Wie schon in der Entscheidung von 23.7.1977 erwies sich die Kapazität der Hardware als nicht ausreichend. Hier führte der *BGH* aus: "Im vorliegenden Fall handelt es sich um einen einheitlichen Vertrag, bei dem Software und Hardware aufeinander abgestimmt werden mußten und je für sich alleine für die Beklagte nicht brauchbar waren. Die Einheitlichkeit der Leistung hat in Ziffer 9 des Vertrages dadurch ihren besonderen Ausdruck gefunden,

---

[3] WM 1984, 1089.
[4] Vgl. BGH unter I.2.a.bb. der Entscheidungsgründe.
[5] Vgl. die vorige Fußnote.
[6] CR 1986, 799.

2. Kapitel: Die Überlassung von Hardware und Software "aus einer Hand"

daß dort eine Frist nur für die 'Einführung' des Projektes, nicht für die zur fristgerechten Einführung erforderlichen Einzelleistungen bestimmt ist ... ".[7]

dd) Die Entscheidung des BGH vom 25.3.1987[8]

In diesem Fall hatte der Kläger von dem beklagten Lieferanten Hardware (einen Tischcomputer) sowie eine Standardsoftware (ein Architekturprogramm) erworben. Die Vereinbarungen über Hard- und Software waren in einer Vertragsurkunde niedergelegt. Um den Anwender zum Abschluß eines Wartungsvertrags über die Software zu zwingen, hatte der Lieferant in die Software jedoch eine Sperre eingebaut, die das Programm langsam unbrauchbar werden ließ. Der Kläger verlangte aufgrund dieser schwerwiegenden Vertragsverletzung sowohl die Rückgängigmachung der Vereinbarung über die Software als auch über die Hardware. Der *BGH* ging in diesem Fall nicht nur von mehreren Leistungsteilen aus, sondern verneinte zudem ein "einheitliches Rechtsgeschäft", welches den Kläger zu einer Rückgängigmachung auch der Vereinbarung über die Hardware berechtigt hätte.[9]

ee) Die Entscheidung des BGH vom 4.11.1987

Der Entscheidung des *BGH* vom 4.11.1987[10] lag folgender Sachverhalt zugrunde: die Beklagte, die selbst EDV-Anlagen an Endabnehmer lieferte, hatte von der Klägerin Hardware, ein Betriebssystem sowie zwei Standard-Übersetzungsprogramme ("Basic Compiler" und "Basic Interpreter") - d.h. systemnahe Software - erworben. Mit Hilfe der Übersetzungsprogramme wollte die Beklagte den Einsatz einer von ihr selbst erstellten Software auf der Anlage ermöglichen und die gesamte Anlage entsprechend programmiert an einen Kunden weiterliefern. Die Übersetzungsprogramme stellten sich als mangelhaft heraus. Gegenüber der Klage, die auf Zahlung des Entgelts für Hard- und Software gerichtet war, machte die Beklagte Wandelung geltend. - Der *BGH* stellte zunächst fest, die Vorschriften der §§ 459ff. BGB seien auf Fälle der verkaufsweisen Überlassung von Programmkopien mit inhaltlich fehlerhaftem Programm "zumindest ent-

---

[7] Vgl. BGH unter I.3. der Entscheidungsgründe.
[8] NJW 1987, 2004.
[9] Zu diesem Aspekt der Entscheidung siehe unten 2 c bb.
[10] BGHZ 102, 135ff.

sprechend" anwendbar.[11] Sodann nahm er zu der Frage Stellung, ob sich das Wandelungsrecht der Beklagten auch auf die mangelfreie Hardware erstreckte, dieser mithin ein Gesamtwandelungsrecht zustehe. Zu der hierbei im Hinblick auf § 469 BGB erforderlichen Abgrenzung zwischen einer "einheitlichen Kaufsache" und dem Verkauf mehrerer Sachen führte er aus: "Ob aber eine einheitliche Kaufsache vorliegt, richtet sich ... nicht nach dem Parteiwillen. ... Maßgebend dafür, ob eine einheitliche Kaufsache oder mehrere 'als zusammengehörend' verkaufte Sachen vorliegen, kann - wie auch sonst bei der Abgrenzung von Einzelsachen gegenüber wesentlichen Bestandteilen einer Sache (§ 93 BGB) - ... nicht der Parteiwille, sondern nur die Verkehrsanschauung sein."[12] Unter Bezugnahme auf die in der Entscheidung vom 20.6.1984 aufgestellte Formel über einen "im Rechtssinne einheitlichen Anschaffungsgegenstand" führte der *BGH* sodann aus, im Gegensatz zum damaligen Sachverhalt dienten die nunmehr zu beurteilenden Übersetzungsprogramme allerdings nicht einem "typisierten Nutzungszweck", auch handele es sich bei den Übersetzungsprogrammen nicht um Endanwenderprogramme. Im übrigen sei zu prüfen, "ob sich die Verkehrsanschauung über die Zusammengehörigkeit von Hard- und Softwareprodukten mit der zunehmenden Verselbständigung beider Märkte in den letzten Jahren gewandelt" habe.[13] Wie im konkreten Fall zu entscheiden sei, ließ der *BGH* jedoch offen und verwies das angefochtene Urteil zur Nachholung der erforderlichen Feststellungen an das Berufungsgericht zurück, mit der Maßgabe, dieses habe "von der Legaldefinition des § 93 BGB auszugehen und mithin zu prüfen, ob die Hard- und Software hier ein Gesamtsystem darstellten, das durch seine Trennung in seinem Wesen verändert oder zerstört würde."[14]

ff) Die Entscheidung des BGH vom 7.3.1990

In der Entscheidung des *BGH* vom 7.3.1990[15] stritten die Parteien über die Rückabwicklung vertraglicher Vereinbarungen, die die Überlassung von Hardware und Standardanwendungssoftware und die Erstellung von Spezialsoftware zum Gegenstand hatten. Die klagende Anwenderin hatte,

---

[11] Unter II.1.a.ff. der Entscheidungsgründe.
[12] Unter II.2.b.aa. der Entscheidungsgründe.
[13] Unter II.2.b.bb. der Entscheidungsgründe.
[14] Unter II.2.b.bb. der Entscheidungsgründe.
[15] NJW 1990, 3011ff. = WM 1990, 987ff. = DB 1990, 1123ff.

da die Beklagte sich mit der Erstellung der Spezialsoftware in Verzug befand, den Rücktritt vom Vertrag gem. § 326 BGB erklärt und begehrte von der Beklagten Rückzahlung des gesamten von ihr geleisteten Entgelts mit der Begründung, das Rücktrittsrecht erstrecke sich auch auf die Hardware und die Standardsoftware.[16] Der *BGH* prüfte hier explizit sowohl die Voraussetzungen einer technischen als auch die einer rechtlichen Einheit.[17] Zur Problematik einer technischen Einheit[18] (zwischen Hardware und Standardsoftware einerseits und Spezialsoftware andererseits) führte er aus, zwar würde der Verzug die Anwenderin "ohne Rücksicht auf den in § 326 Abs.1 S.3 BGB geforderten Interessewegfall zum Rücktritt vom Vertrage insgesamt berechtigen, wenn die ... Gesamtleistung technisch unteilbar wäre." Jedoch sei dies nach der "hierfür maßgebenden objektiven Beurteilung" nicht der Fall, weil "die alleinige Benutzung der gelieferten Teile möglich" sei, wobei es auf subjektive Umstände, wie etwa den von der Anwenderin verfolgten Verwendungszweck und ihren Wunsch nach einer Gesamtlösung nicht ankomme.[19]

Demgegenüber ließ der *BGH* ausdrücklich offen, ob ein Mangel der *Standard*software unter Umständen zur Rückgabe der Hardware berechtigen könne, führte jedoch unter Bezugnahme auf die Entscheidung vom 4.11.1987 aus, dies sei dann zu bejahen, wenn Hardware und Standardsoftware[20] nach der Verkehrsanschauung als "einheitlicher Kaufgegenstand" anzusehen seien.[21]

gg) Instanzgerichtliche Entscheidungen

Zwei instanzgerichtliche Entscheidungen, welche sich mit der Frage auseinandergesetzt haben, ob Hardware und Betriebssystem einen einheitlichen Anschaffungsgegenstand darstellen, verdienen besondere Beachtung. Im Fall des *LG Aachen*[22] war ein Vertrag über eine "Computeranlage" (Hardware) einschließlich Betriebssystem geschlossen worden, letzteres sollte "ohne Berechnung" überlassen werden. Da die Lieferung des Be-

---

[16] NJW 1990, 3011.
[17] Unter III.1.a. und b. der Entscheidungsgründe.
[18] Zur Behandlung der rechtlichen Einheit in der Entscheidung s. unten 2 a cc.
[19] NJW 1990, 3011, 3012.
[20] Bei der Standardanwendungssoftware handelte es sich um ein Statistikprogramm.
[21] NJW 1990, 3011, 3014.
[22] LG Aachen vom 2.7.1986, CR 1988, 216.

triebssystems ausblieb, trat der Käufer vom Vertrag zurück. Das *LG Aachen* führte aus, "eine Auslegung nach den §§ 133, 157 BGB (ergebe) hier ... , daß die gelieferte Hardware und das bestellte Betriebssystem einen auch im Rechtssinne einheitlichen Anschaffungsgegenstand bildeten, obwohl letzteres ohne Berechnung geliefert werden sollte." Für einen auch im Rechtssinne einheitlichen Anschaffungsgegenstand spreche "schließlich auch der Umstand, daß Hardware und Software zur Bewältigung bestimmter Aufgaben aufeinander abgestimmt" seien.[23]

Zu demselben Ergebnis kam das *LG Bielefeld* in einem urheberrechtlichen Fall.[24] Es stellte fest, "daß die Systemsoftware mit der Hardware eine technische und wirtschaftliche Einheit" bilde. Dies solle sogar unabhängig davon gelten, ob nur die Systemsoftware des Hardwareherstellers oder ein angepaßtes Fremdsystem Verwendung finde, denn "nur die Einheit (funktioniere), nicht aber ein getrenntes, 'selbständiges' Programm."[25]

b) Die Auffassungen in der Literatur

Ebenso uneinheitlich wie die soeben dargestellte Rechtsprechung sind die Meinungen in der Literatur. Soweit die (speziellere) Frage nach den Kriterien einer technischen Einheit überhaupt behandelt und nicht nur pauschal versucht wird, einen einheitlichen Vertrag von mehreren Verträgen abzugrenzen, ergibt sich folgendes Bild:

In Übereinstimmung mit der vom *BGH* in der Entscheidung vom 4.11.1987 vertretenen Auffassung hält *Junker*[26] die Verkehrsanschauung zur Abgrenzung zwischen einer einheitlichen Sache und mehreren Sachen für maßgeblich. Demgegenüber vertritt *Zahrnt* die Auffassung, die Frage, ob Hard- und Software als ein einheitliches Produkt angesehen werden könnten, beurteile sich nicht nur nach der Verkehrsanschauung. Es müsse "den Parteien im Rahmen der Privatautonomie offen bleiben, das Vorliegen eines einheitlichen Produktes zu vereinbaren."[27]

---

[23] LG Aachen aaO.

[24] LG Bielefeld vom 18.4.1986, CR 1986, 444. Das Berufungsurteil des OLG Hamm vom 27.4.1989 (CR 1989, 592, 594f.) läßt die Richtigkeit der Auffassung des LG Bielefeld ausdrücklich dahinstehen.

[25] LG Bielefeld aaO.

[26] *Junker* Computerrecht, Rn.394.

[27] *Zahrnt* BB 1988, 1687, 1688f.; ähnlich IuR 1988, 23.

Soweit die technische Einheit von Hardware und Betriebssystem in Frage steht, ist *Brandi-Dohrn* der Ansicht, "die Betriebssystem-Software (sei) nicht selbständiges Vertragsobjekt, sondern integrierter Teil der Kaufsache Computer".[28] Die gegenteilige Auffassung findet sich bei *Kindermann* und *Müller-Hengstenberg*. *Kindermann* weist darauf hin, daß der Umstand, daß zwei Produkte nur gemeinsam benutzt werden können, es nicht rechtfertige, diese auch als technische Einheit zu betrachten, und führt als Beispiele Film und Kamera sowie Plattenspieler und Schallplatte an.[29] Außerdem sei der Herstellungsvorgang eines Computers und eines Betriebssystems ein grundsätzlich anderer, zudem sei die Gefährdung durch Produktpiraterie unterschiedlich.[30] *Müller-Hengstenberg* verneint eine technische Einheit aufgrund des "technologischen Unterschiedes" von Hard- und Software und zieht zur Begründung seiner Auffassung zudem die Unbundling-Vertriebspolitik der Hersteller, die zur Aufspaltung in selbständige Leistungen geführt habe, heran.[31]

Eine vermittelnde Lösung schlägt *Zahrnt* vor: von *einem* Produkt sei dann auszugehen, wenn es sich um ein herstellerspezifisches Betriebssystem handele.[32]

Der differenzierteste Lösungsansatz findet sich bei *Jörg Schneider*, der das Problem allerdings in erster Linie aus urheberrechtlicher Sicht behandelt: Eine technische Funktionsverbundenheit zwischen Hardware und Betriebssystem sei dann zu bejahen, "wenn das Betriebssystem auf Festwertspeichern als integraler Bestandteil der Maschine zur Verfügung gestellt" werde, also im Falle der Firmware ("Software im Gehäuse", vgl. dazu oben § 2 I 3).[33] Soweit das Betriebssystem auf seperaten Datenträgern bereitgestellt werde, sei hier der funktionale Zusammenhang entscheidend. Zwar mache das Betriebssystem eine Verwendung der Hardware erst möglich. Jedoch sei auch hier die Unbundling-Vertriebspolitik der Hardwarehersteller zu berücksichtigen, welche dazu geführt habe, daß sowohl unterschiedliche Betriebssysteme verschiedener Anbieter auf einen Hardwaretyp als auch ein

---

[28] *Brandi-Dohrn* CR 1986, 63, 64.
[29] *Kindermann* CR 1986, 446. In die gleiche Richtung geht der Ansatz von *Junker* Computerrecht, Rn.267.
[30] *Kindermann* CR 1986, 446.
[31] *Müller-Hengstenberg* CR 1986, 441, 442f.
[32] *Zahrnt* BB 1988, 1687, 1688 Fn.4.
[33] *Jörg Schneider* S.138.

Betriebssystem auf unterschiedlicher Hardware eingesetzt werden könnten. Für den Bereich des Gewährleistungsrechts läßt *Schneider* ausdrücklich eine Lösung offen, aus urheberrechtlicher Sicht geht er im Ergebnis unter Berücksichtigung des § 93 BGB von getrennten Überlassungsgegenständen aus.[34]

Heussen bejaht nicht nur für den Bereich der Firmware, sondern generell immer dann eine "technisch zwingende Verbindung", sofern keine zur Hardware kompatible Ersatzsoftware zur Verfügung stehe.[35]

Ruppelt geht von einer technischen Einheit bei solchen EDV-Systemen aus, "deren Funktionalität ... von vornherein auf eine Problemlösung ... zugeschnitten ist." Bei einer nur losen Verbindung zusammengesetzter Komponenten müßten für eine technische Einheit besondere Umstände hinzutreten, die zwar bei Individualanwendungssoftware, allerdings nicht bei Standardsoftware gegeben seien.[36]

c) Eigene Auffassung

aa) Der Ausgangspunkt: Software als Sache

Am Ausgangspunkt der Überlegungen, anhand welcher Kriterien Hard- und Software aufgrund ihrer technischen Einheit als "ein Produkt" oder "ein einheitlicher Anschaffungsgegenstand" aufzufassen sind, steht die Frage, wie Hard- und Software rechtlich zu qualifizieren sind. Handelt es sich bei Hard- und Software um Sachen i.S.d. § 90 BGB, so liegt es nahe, die vom *BGH* in der Entscheidung vom 4.11.1987[37] als maßgeblich erachtete Vorschrift des § 93 BGB zur Abgrenzung heranzuziehen, da der Regelungsgehalt der Vorschrift - die Abgrenzung von Einzelsachen gegenüber wesentlichen Bestandteilen einer Sache -[38] mit der hier zu behandelnden Problematik nahezu identisch ist. Bedenken gegen eine Anwendung des § 93 BGB ergeben sich dagegen dann, wenn die Sachqualität von Software verneint wird: eine Heranziehung des Rechtsgedankens des § 93 BGB bedürfte ge-

---

[34] *Jörg Schneider* S.138-141.
[35] *Heussen* NJW 1988, 2441, 2443f.
[36] *Ruppelt* Überlassung S.96f.
[37] Vgl. BGH vom 4.11.1987, BGHZ 102, 135, 149 = NJW 1988, 406, 409.
[38] Vgl. BGH vom 4.11.1987, BGHZ 102, 135, 149.

rade im Hinblick auf die systematische Stellung der Vorschrift im zweiten Abschnitt (Sachen) näherer Begründung.[39]

Unproblematisch ist zunächst die rechtliche Einordnung der **Hardware**. Zentraleinheit, Tastatur, Bildschirm und Drucker stellen körperliche Gegenstände und somit Sachen i.S.d. § 90 BGB dar.

Äußerst umstritten ist demgegenüber die Einordnung von **Software**, oder genauer: von Computerprogrammen.[40] Wohl allgemein anerkannt ist, daß der eigentliche wirtschaftliche Wert eines Computerprogramms die in ihm enthaltene *geistige Leistung* ist,[41] wobei die mitunter verwendeten unterschiedlichen Bezeichnungen zur Beschreibung dieses Umstands sachlich keinen anderen Bedeutungsgehalt aufweisen.[42] Mit Differenzierungen im einzelnen wird deshalb von einer verbreiteten Ansicht die Sacheigenschaft von Computerprogrammen verneint.[43] So weist *Mehrings* darauf hin, daß auch mit der Verkörperung von Computerprogrammen auf Datenträgern diese nicht zu einer körperlichen Sache würden, zumal der Wert der Datenträger vernachlässigt werden könne.[44] *Zahrnt* führt als Begründung an, der Lieferant brauche gar keinen Datenträger zu übergeben, sondern könne das Programm direkt auf die Anlage des Anwenders überspielen.[45] *Jörg Schneider* ordnet den Datenträger lediglich "als Transportmedium für die weit wertvolleren Programme" ein.[46] *Jochen Schneider* verweist darauf, daß die Verkörperung auf dem Datenträger "eher temporärer Art" sei.[47] Die Kon-

---

[39] S. hierzu *Hager* AcP 190 (1990) 325, 352.

[40] Die Programmdokumentation ist ebenfalls als Sache aufzufassen, vgl. nur *zur Megede* Rechtsschutz, Rn.90.

[41] Vgl. BGH vom 4.11.1987, BGHZ 102, 135, 140; BGH vom 3.6.1981, NJW 1981, 2684; *Kilian* Haftung für Mängel der Computer-Software, S.15; *Brandi-Dohrn* CR 1986, 63, 66; *Engel* BB 1985, 1159, 1160; *Mehrings* GRUR 1985, 189, 192; ders. NJW 1986, 1904, 1905; *Heussen* GRUR 1987, 779, 780; *Dörner/Jersch* IuR 1988, 137, 141; *Moritz/Tybusseck* Rn.61.

[42] *Mehrings* aaO. und *Brandi-Dohrn* aaO. verwenden die Bezeichnung "geistiges Gut", *Engel* aaO. "immaterielles Gut", *Kilian* aaO. "informationelles Gut". *Heussen* aaO. spricht von der "Ideenhaftigkeit der Software" bzw. von Software als "gefrorener Idee".

[43] *Moritz/Tybusseck* Rn.61 etwa formulieren: "Es fällt ... sofort auf, daß es sich bei Software nicht um eine Sache im Sinne des § 90 BGB handelt." Ebenso *von Westphalen* CR 1987, 477, 488; zu weiteren Vertretern dieser Auffassung vgl. den nachfolgenden Text.

[44] Vgl. *Mehrings* NJW 1986, 1904, 1905. Ebenfalls auf den Wert des Datenträgers stellt *Zahrnt* IuR 1986, 252 ab.

[45] *Zahrnt* IuR 1986, 252, 253; ebenso *J.Schneider* Praxis D 87.

[46] *Jörg Schneider* S.67; ebenso *Ruppelt* CR 1989, 109.

[47] *J.Schneider* Praxis D 86.

sequenz dieser Auffassung ist eine strikte Trennung von Datenträger (einer Sache i.S.d. § 90 BGB) und Computerprogramm (als geistiger Leistung).[48]

Demgegenüber hat der *BGH* in mehreren Entscheidungen Computerprogramme als Sachen angesehen. Nach seiner Ansicht "stellen Datenverarbeitungsprogramme bereits Verkörperungen der geistigen Leistung, damit aber körperliche Sachen dar";[49] an anderer Stelle bezeichnet er als "Kaufgegenstand (einen) Datenträger mit dem darin verkörperten Programm, insofern also eine körperliche Sache".[50] Dieser Beurteilung, die sich mit einzelnen Auffassungen in der Literatur deckt,[51] ist zuzustimmen. Die Funktion eines Programms besteht in der Steuerung von Maschinen,[52] weshalb z.B. *Gorny* den Computer als eine "nicht zu Ende konstruierte Maschine"[53] bezeichnet. Um diese Funktion zu erfüllen, ist die Verkörperung eines Computerprogramms auf einem Datenträger unabdingbare Voraussetzung.[54] Computerprogramme können unter diesem Aspekt ohne weiteres mit Schaltwalzen oder Schaltgetrieben mechanischer Automaten verglichen werden,[55] deren Konstruktion ebenfalls zum Teil enorme geistige Leistungen voraussetzte. Der geringe Wert der verwendeten Materialien (Datenträger) ist dabei ohne Belang, entscheidend ist vielmehr, daß eine Materialisierung zum ordnungsgemäßen Ablauf eines Programms erforderlich ist.[56]

Auch der oft angeführte Vergleich von Software mit Büchern, Schallplatten oder Videokassetten[57] beruht nicht, wie *Heussen*[58] meint, auf "naivem technischen Verständnis". Gegen diesen Vergleich läßt sich nicht schon die Möglichkeit der Loslösung von Computerprogramm und Diskette anführen,

---

[48] Vgl. *Kilian* Haftung für Mängel der Computer-Software, S.15; *Engel* BB 1985, 1159, 1160.
[49] BGH vom 2.5.1985, NJW-RR 1986, 219.
[50] BGH vom 4.11.1987, BGHZ 102, 135, 144; ebenso BGH vom 18.10.1989, NJW 1990, 320, 321.
[51] Vgl. *Dörner/Jersch* IuR 1988, 137, 141f.; *Hoeren* CR 1988, 908, 911; *ders.* Softwareüberlassung, Rn.71ff.; *Soergel-Huber* Vor § 433 Rn.153; ähnlich *König* NJW 1989, 2604f.; *ders.* NJW 1990, 1584f.
[52] Vgl. *König* NJW 1989, 2604.
[53] *Gorny* CR 1986, 673.
[54] A.A. *Ruppelt* Überlassung S.18.
[55] So zutreffend *König* NJW 1989, 2604.
[56] Näher zur technischen Seite des Programmlaufs *König* NJW 1989, 2604f.
[57] Vgl. BGH vom 4.11.1987, BGHZ 102, 135, 142; *Kindermann* GRUR 1983, 150, 159; *Dörner/Jersch* IuR 1988, 137, 141f.; *Jersch* Jura 1988, 580, 581; *Hoeren* Softwareüberlassung, Rn.77f.; *ders.* CR 1988, 908, 911.
[58] *Heussen* GRUR 1987, 779, 780. Kritisch auch *Junker* WM 1988, 1217, 1218; *Ruppelt* Überlassung S.19f. und *J.Schneider* Praxis D 86.

denn eine solche Möglichkeit der Trennung von geistigem Gut und Verkörperung ist zwar nicht bei Büchern und Schallplatten, allerdings bei Videokassetten gegeben.[59] Vielmehr spricht für einen solchen Vergleich folgende Überlegung: Sowohl bei Computerprogrammen wie auch bei Büchern, Schallplatten und Videokassetten lassen sich zwar geistiges Gut und Verkörperung begrifflich voneinander trennen, jedoch ermöglicht erst die Verkörperung die Fungibilität als Wirtschaftsgut.[60] Wenn unter Berücksichtigung dieses Umstands der Erwerb von Büchern, Schallplatten oder Videokassetten als *Sach*kauf angesehen wird,[61] so wird man bei dem Erwerb von Software zu keinem anderen Ergebnis gelangen können und jene daher ebenfalls als Sache einzustufen haben. Diese Auffassung verkennt nicht die Bedeutung der geistigen Leistung, die als absolutes Recht im Rahmen des UrhG geschützt sein kann, falls die hierfür erforderliche Schöpfungshöhe erreicht ist.[62] Sie trägt vielmehr gerade dem Umstand Rechnung, daß für den Sachbegriff des § 90 BGB zwischen der Verkörperung der geistigen Leistung und dem absoluten Recht am Geisteserzeugnis zu unterscheiden ist.[63]

Schließlich stellt auch die Möglichkeit, Computerprogramme durch Datenfernübertragung (DFÜ) zu kopieren, kein durchgreifendes Argument gegen die Bejahung der Sacheigenschaft von Software dar. Auch Schriftstücke können im Wege der DFÜ - nämlich per Telefax - übertragen werden. Niemand würde jedoch auf den Gedanken kommen, deshalb die Sachqualität von Schriftstücken zu verneinen.

Die gleiche Erwägung gilt für die Möglichkeit, Computerprogramme unmittelbar mittels einer Kabelverbindung von einer Festplatte auf eine an-

---

[59] Die Vergleichbarkeit mit Video und Tonband wird auch von *J.Schneider* Praxis D 86 zugestanden.

[60] Vgl. hierzu auch *Hoeren* Softwareüberlassung, Rn.77f.

[61] Vgl. BGH vom 8.2.1978, NJW 1978, 997; BGH vom 14.3.1973, NJW 1973, 843f.; BGH vom 26.11.1957, NJW 1958, 138f.; Palandt-*Putzo* § 433 Anm.1 a; *Hartlieb* S.422; *Dörner/Jersch* IuR 1988, 137, 141; *Hoeren* Softwareüberlassung, Rn.78.

[62] "Programme für die Datenverarbeitung" sind in § 2 Abs.1 Nr.1 UrhG ausdrücklich als geschützte Werke anerkannt. An die gemäß § 2 Abs.2 UrhG erforderliche Schöpfungshöhe werden jedoch sehr strenge Maßstäbe angesetzt, so daß nur ein Bruchteil aller Programme überhaupt urheberrechtlich geschützt sein dürfte; vgl. dazu BGH vom 9.5.1985, BGHZ 94, 276, 286ff. = CR 1985, 22, 30ff.; *Haberstumpf* in Lehmann Rn.77ff.; *Dörner/Jersch* IuR 1988, 137, 139.

[63] Vgl. zu dieser Unterscheidung *Larenz* Allg.Teil § 16 III = S.296; Staudinger-*Dilcher* § 90 Rn.2; BGH vom 13.10.1965, BGHZ 44, 289, 293f.

dere Festplatte zu überspielen:[64] die rechtliche Einordnung dieser Fälle bereitet deshalb Schwierigkeiten, weil hier das Moment der *Übergabe* eines Datenträgers entfällt, an der Notwendigkeit des *Vorhandenseins* eines solchen ändert dies jedoch nichts.

Demnach bleibt als Ergebnis festzuhalten, daß auf einem Datenträger verkörperte Computerprogramme als Sachen i.S.d. § 90 BGB einzuordnen sind.

bb) Maßgeblichkeit der Kriterien des § 93 BGB

Sind sowohl Hard- als auch Software als Sachen i.S.d. § 90 BGB einzuordnen, bieten sich für die Beantwortung der Frage, wann diese aufgrund ihrer technischen Einheit als "ein einheitlicher Anschaffungsgegenstand" angesehen werden können, zwei Lösungswege an. Zumindest sprachlich nahe liegt es, die Abgrenzung zwischen Sacheinheiten und Sachgesamtheiten heranzuziehen. Erheblich enger sind demgegenüber die Voraussetzungen der vom *BGH*[65] angewandten Vorschrift des § 93 BGB, die bereits von einer Sacheinheit ("Bestandteile einer Sache") ausgeht[66] und nur für den Fall, daß es sich um *wesentliche* Bestandteile handelt, eine Regelung trifft.

Folgt man dem ersten Lösungsansatz, ist immer dann von einem "einheitlichen Anschaffungsgegenstand" auszugehen, wenn Hard- und Software durch ihre Verbindung miteinander ihre Selbstständigkeit dergestalt verloren haben, daß sie fortan, solange die Verbindung dauert, als ein Ganzes erscheinen.[67] Dies ist in erster Linie nach der Verkehrsanschauung, hilfsweise nach einer natürlichen Betrachtungsweise zu beurteilen.[68] Auch bei nur loser Verbindung kann sich eine Sacheinheit dabei aus dem engen körperlichen Zusammenhang in Verbindung mit der gemeinsamen verkehrsmäßigen Zweckbestimmung ergeben.[69] Nach diesen Kriterien stellen

---

[64] Vgl. hierzu BGH vom 18.10.1989, NJW 1990, 320, 321 m.Anm.v. *König* NJW 1990, 1584ff. und *J.Schneider* Praxis D 87.

[65] BGH vom 4.11.1987, BGHZ 102, 135, 149.

[66] Vgl. Soergel-*Mühl* § 93 Rn.3; RGRK-*Kregel* § 93 Rn.2.

[67] Vgl. RG vom 19.4.1906, RGZ 63, 171, 173; Soergel-*Mühl* § 93 Rn.3; Staudinger-*Dilcher* Rn.6.

[68] Vgl. *Larenz* Allg.Teil § 16 II c = S.287; RG vom 14.11.1938, RGZ 158, 362, 369f.; BGH vom 8.10.1955, BGHZ 18, 226, 228; Staudinger-*Dilcher* § 93 Rn.8; Soergel-*Mühl* § 93 Rn.3.

[69] KG vom 3.7.1972, Rpfleger 1972, 441; Soergel-*Mühl* § 93 Rn.5; MünchKomm-*Holch* § 93 Rn.4.

sich Hard- und Software jedoch *in jedem Fall* als ein "einheitlicher Anschaffungsgegenstand" dar, da zum funktionsgemäßen Gebrauch einer Anlage notwendig das Computerprogramm in den Arbeitsspeicher der Zentraleinheit geladen werden muß, Hard- und Software also "als ein Ganzes" erscheinen, was durch die "gemeinsame verkehrsmäßige Zweckbestimmung" - die Lösung einer Datenverarbeitungsaufgabe - noch unterstützt wird. Das Ergebnis zeigt zugleich die Unbrauchbarkeit dieses Lösungsansatzes, der den Gegebenheiten der Praxis in keiner Weise genügt.

Zu sachgerechteren Ergebnissen führt eine Anwendung der in § 93 BGB aufgestellten Kriterien. Nach dieser Vorschrift, deren Zweck es ist, die nutzlose Zerstörung wirtschaftlicher Werte zu verhindern,[70] ist von wesentlichen Bestandteilen - und damit von einem einheitlichen Anschaffungsgegenstand - dann auszugehen, wenn Hard- und Software nicht voneinander getrennt werden können, ohne daß der eine oder andere Teil *"zerstört oder in seinem Wesen verändert wird"*. Maßgeblich ist hier eine natürliche, wirtschaftliche Betrachtungsweise[71] bei gleichzeitiger Berücksichtigung der Verkehrsanschauung.[72] *Zerstörung* meint den gegenständlichen Untergang eines Bestandteils.[73] Ob die einzelnen Bestandteile *in ihrem Wesen verändert* werden, hängt davon ab, ob sie nach der Trennung noch in der bisherigen Art wirtschaftlich genutzt werden können, sei es auch erst, nachdem sie zu diesem Zweck wieder mit anderen Sachen verbunden worden sind.[74] Serienmäßig hergestellte Teile werden bei leichter Abtrennbarkeit und Ersetzbarkeit als einfache Bestandteile eingeordnet;[75] eine Ausnahme wird jedoch für solche Bestandteile gemacht, die ihrem Wesen und ihrer

---

[70] Vgl. BGH vom 8.10.1955, BGHZ 18, 226, 232; BGH vom 3.3.1956, BGHZ 20, 154, 157; Soergel-*Mühl* § 93 Rn.2.

[71] Vgl. BGH vom 25.10.1961, BGHZ 36, 46, 50; BGH vom 27.6.1973, BGHZ 61, 80, 81.

[72] Vgl. BGH vom 25.10.1961, BGHZ 36, 46, 50; Palandt-*Heinrichs* § 93 Anm.3.

[73] Vgl. Soergel-*Mühl* § 93 Rn.7; MünchKomm-*Holch* § 93 Rn.11.

[74] Vgl. BGH vom 8.10.1955, BGHZ 18, 226, 229; BGH vom 3.3.1956, BGHZ 20, 154, 156; BGH vom 3.3.1956, BGHZ 20, 159, 162; Soergel-*Mühl* § 93 Rn.7. - Soweit *Ruppelt* (Überlassung S.96) gegen eine Anwendung des § 93 BGB anführt, die Vorschrift stelle "von (ihrem) Wortlaut her doch gar nicht auf die Zerstörung oder Wesensveränderung der ganzen Sache, sondern vielmehr auf die der Bestandteile ab", läuft dieser Einwand insofern leer, als nach der hier vertretenen Auffassung für die Frage der Wesensveränderung gerade auf die einzelnen Bestandteile abzustellen ist.

[75] Vgl. BGH vom 3.3.1956, BGHZ 20, 154, 155 (Meßgerät); BGH vom 27.6.1973, BGHZ 61, 80, 81f.(KfZ-Austauschmotor); Staudinger-*Dilcher* § 93 Rn.17f.

§ 5 Die Überlassung im Rahmen eines einheitlichen Vertrags 61

Zweckbestimmung nach durch den Einbau vollständig im Ganzen aufgehen und "überhaupt kein eigenes Wesen mehr haben".[76]

Nach diesen Grundsätzen ist im gesamten Bereich des serienmäßigen Einsatzes von *Firmware*[77] von einem einheitlichen Anschaffungsgegenstand auszugehen. Speicherschreibmaschinen, Schachcomputer, elektronische Kassen u.s.w. stellen sich nämlich nicht nur nach Verkehrsanschauung und natürlicher Betrachtungsweise als untrennbare Einheit dar. Hinzu tritt, daß gerade durch den Einsatz von Firmware der Hersteller auf die Möglichkeit der leichten Austauschbarkeit von Computerprogrammen durch Verwendung von externen Datenträgern verzichtet hat.[78] Schließlich ist das konkrete, in der Firmware enthaltene Programm in seiner Zweckbestimmung der Hardware derart untergeordnet, daß es durch den Einbau vollständig "im Ganzen aufgeht".

Standardsoftware und Firmware haben zwar gemeinsam, daß beide Produkte serienmäßig erstellt werden. Im Gegensatz zur Firmware ist Standardsoftware jedoch durch einfaches Kopieren des Programms auf einen externen Datenträger (Diskette o.ä.) von der Hardware zu trennen. Hier gewinnt das Kriterium der Ersetzbarkeit daher gewichtige Bedeutung. Die maßgebliche Frage lautet somit: Sind Hard- und Software derart *aufeinander abgestimmt*, daß sie *ausschließlich in der konkreten Verbindung miteinander* benutzbar sind? Ist diese Frage zu bejahen, ist von wesentlichen Bestandteilen und damit von einem einheitlichen Anschaffungsgegenstand auszugehen. Ist dagegen ein getrennter Einsatz von Hard- *und*[79] Software - d.h. ein Einsatz der Software auf anderer Hardware und der Hardware in Verbindung mit anderer Software - möglich, ist eine technische Einheit zu verneinen.

Für den Bereich der *Betriebssystemsoftware* folgt daraus, daß diese als einfacher Bestandteil einzuordnen ist, soweit auf dem Markt kompatible Betriebssystemsoftware (Beispiel: MS-DOS und PC-DOS) und Hardware (Beispiel: IBM und CLONES) zur Verfügung steht. Ist jedoch auch nur eine der beiden Voraussetzungen nicht erfüllt (Beispiel: Nixdorf Hardware und

---

[76] Vgl. BGH vom 3.3.1956, BGHZ 20, 154, 157; Staudinger-*Dilcher* § 93 Rn.18; Soergel-*Mühl* § 93 Rn.8.

[77] Zum Begriff der Firmware siehe oben § 2 I 3.

[78] Auf die geringere Flexibilität im Falle von Änderungen wurde bereits oben § 2 I 3 hingewiesen.

[79] Notwendig ist, daß der abgetrennte Bestandteil *und* die Restsache jeweils getrennt wirtschaftlich nutzbar sind, vgl. *Köhler* BGB AT § 11 III 2 a.

Betriebssystem), ist von einem einheitlichen Anschaffungsgegenstand auszugehen.

Systemnahe Software und Standardanwendungssoftware sind danach, da in diesem Marktsektor kompatible Produkte weit verbreitet sind, in der Regel als getrennte Anschaffungsgegenstände anzusehen.[80]

Eine generelle Antwort verbietet sich für den Bereich der *Individualanwendungssoftware*. Zwar kann davon ausgegangen werden, daß die Hardware in Verbindung mit anderer Software eingesetzt werden kann, ob allerdings der Einsatz der Individualsoftware auf einer anderen Hardware möglich ist, ist eine Frage, die nur anhand des konkreten Falls entschieden werden kann.

Nach der hier vertretenen Auffassung muß eine technische Einheit von Hard- und Software in einer zunehmenden Anzahl von Fällen verneint werden, was unter anderem ein Resultat der Politik des "Unbundling", welche die Verbreitung kompatibler Produkte zur Folge hatte, ist. Bemerkenswert ist in diesem Zusammenhang, daß die technische Entwicklung, welche eine Änderung der Verkehrsanschauung über die technische Einheit von Hard- und Softwareprodukten durch das "Unbundling" herbeigeführt hat, einen Vorläufer im Bereich der Herstellung von Motoren hatte: Während noch das Reichsgericht den Motor eines Schiffes als wesentlichen Bestandteil angesehen hatte,[81] ging der *BGH* später aufgrund der technischen Entwicklung bei der Beurteilung von KfZ-Motoren (Serienproduktion) nur noch von einfachen Bestandteilen aus.[82]

Die hier vorgetragene Konzeption berücksichtigt den Parteiwillen bei der Beurteilung einer technischen Einheit nicht. Dies ist indes kein Nachteil dieser Auffassung, da es den Parteien bei Verneinung einer technischen Einheit weiterhin offenbleibt, vertraglich Hard- und Softwareleistungen miteinander zu verbinden: von einer unzulässigen Einschränkung der Privatautonomie kann daher entgegen *Zahrnt*[83] keine Rede sein.[84]

---

[80] Nach der hier vertretenen Auffassung hätte demnach in der Entscheidung des BGH vom 7.3.1990, NJW 1990, 3011, 3014, eine technische Einheit zwischen Statistikprogramm (Standardanwendungssoftware) und Hardware verneint werden müssen.

[81] Vgl. RG vom 4.8.1936, RGZ 152, 91, 98.

[82] Vgl. BGH vom 8.10.1955, BGHZ 18, 226; BGH vom 27.6.1973, BGHZ 61, 80.

[83] Vgl. *Zahrnt* BB 1988, 1687, 1688f.; IuR 1988, 23.

[84] Kritisch zur Auffassung von *Zahrnt* auch *Jersch* Jura 1988, 580, 584; *Braun/Jöckel/Schade* Rn.135.

§ 5 Die Überlassung im Rahmen eines einheitlichen Vertrags

Sind nach den vorstehenden Ausführungen Hard- und Software als wesentliche Bestandteile eines Gesamtsystems anzusehen, so bestimmt § 93 BGB, daß diese nicht Gegenstand besonderer Rechte sein können. Für die schuldrechtliche Behandlung läßt sich daraus der Schluß ziehen, daß die Überlassung von Hard- und Software im Rahmen eines einheitlichen Vertrags, nicht aber aufgrund zweier getrennter Verpflichtungen erfolgt. Zwar ist anerkannt, daß auch über wesentliche Bestandteile grundsätzlich gesonderte schuldrechtliche Verpflichtungen möglich sind.[85] Derartige Verpflichtungen beinhalten jedoch stets die künftige Trennung von Hauptsache und wesentlichem Bestandteil (Beispiel: Verkauf von Holz vom Stamm)[86] oder zumindest ein Auseinanderfallen der Nutzungsbefugnis an dem wesentlichem Bestandteil und der übrigen Sache (Beispiel: Vermietung nur eines Zimmers)[87]. Ihre Zielrichtung ist daher genau entgegengesetzt zu dem hier zu beurteilenden Fall eines intendierten *gemeinsamen* Einsatzes von Hard- und Software, so daß von gesonderten schuldrechtlichen Verpflichtungen im letzteren Bereich nicht ausgegangen werden kann.

2. Kriterien einer rechtlichen Einheit

a) Der Befund in der Judikatur

Der *BGH* hat bei der Überlassung von Hard- und Software "aus einer Hand" bisher überwiegend eine Vertragseinheit bejaht.

aa) In der Entscheidung vom 23.2.1977, auf die bereits oben (II 1 a aa) eingegangen wurde, ordnete der *BGH* die Lieferung der Hardware und die Erstellung von Individualsoftware als zwei verschiedene Leistungsteile eines Gesamtgeschäfts ein, ohne dies näher zu erläutern.[88] Zu demselben Ergebnis kam der *BGH* in einer späteren Entscheidung, der ein vergleichbarer Fall zugrundelag. Dort begründete er die Vertragseinheit jedoch ausdrücklich: diese ergebe sich "aus der Fälligkeitsregelung" (der Kaufpreis war nach Lieferumfang und Betriebsbereitschaft gestaffelt fällig) und "aus dem Ver-

---

[85] Vgl. hierzu MünchKomm-*Holch* § 93 Rn.20; RGRK-*Kregel* § 93 Rn.43; Soergel-*Mühl* § 93 Rn.19.

[86] Vgl. RG vom 24.3.1905, RGZ 60, 317, 319; RG vom 9.7.1926, WarnRspr.1926 Nr.150; MünchKomm-*Holch* § 93 Rn.20.

[87] Beispiel bei Staudinger-*Dilcher* § 93 Rn.31.

[88] WM 1977, 390, 391.

wendungszweck aller Lieferungsteile".[89] In gleicher Weise wertete der *BGH* eine Vereinbarung, welche nur eine Frist für die Einführung eines Projekts, nicht aber für die Einzelleistungen enthielt.[90] In der Entscheidung vom 4.11.1987, in der - nach den Ausführungen des *BGH* - das Berufungsgericht eine Vertragseinheit "offenbar als selbstverständlich" angesehen hatte, nahm der *BGH* dies als "tatrichterliche Würdigung" hin, die "aus Rechtsgründen nicht zu beanstanden" sei.[91]

bb) Mehrfach lagen Entscheidungen des *BGH* Sachverhalte zugrunde, bei denen Hard- und Software von einem Lieferanten überlassen worden waren, das Geschäft aber im Rahmen eines Finanzierungsleasingvertrags abgewickelt wurde. Fraglich war in allen Fällen, ob die Software Bestandteil des Leasingvertrags geworden war, da der Vertragstext nur die Hardware aufführte oder mehrdeutige Formulierungen enthielt.

Hier bejahte der *BGH* in zwei Fällen eine Vertragseinheit, wobei er einmal Hardware und Standardanwendungssoftware aufgrund ihrer Abstimmung aufeinander (sogar) als einheitlichen Anschaffungsgegenstand ansah;[92] im anderen Fall beschränkte er sich wiederum darauf, die Auffassung des Berufungsgerichts als "tatrichterliche Würdigung" nicht zu beanstanden.[93] In zwei weiteren Entscheidungen ließ der *BGH* die Frage der Einbeziehung der Software in den Leasingvertrag ausdrücklich offen.[94]

cc) In zwei Fällen hat der *BGH* bisher bei gleichzeitiger Überlassung von Hard- und Software eine Vertragseinheit verneint.

In der ersten Entscheidung vom 25.3.1987,[95] deren Sachverhalt bereits oben (II 1 a dd) dargestellt wurde, beurteilte der *BGH* das Vorliegen eines einheitlichen Vertrags nach den im Rahmen des § 139 BGB entwickelten Kriterien und setzte den Begriff des "einheitlichen Rechtsgeschäfts" mit dem

---

[89] BGH vom 23.3.1983, NJW 1983, 1903, 1905.

[90] BGH vom 24.6.1986, CR 1986, 799, 800; vgl. dazu näher oben II 1 a cc.

[91] BGH vom 4.11.1987, BGHZ 102, 135, 148. Zu der davon zu unterscheidenden Frage, ob Hard- und Software einen einheitlichen Anschaffungsgegenstand bilden, nahm der BGH dagegen ausführlich Stellung, vgl. oben II 1 a ee.

[92] BGH vom 20.6.1984, WM 1089, 1091; vgl. dazu schon oben II 1 a bb.

[93] BGH vom 1.7.1987, NJW 1988, 204, 205.

[94] Vgl. BGH vom 30.9.1987, NJW 1988, 198, 199; BGH vom 27.4.1988, NJW 1988, 2465, 2467. - Zu der Entscheidung des BGH vom 3.7.1985, BGHZ 95, 170ff. = NJW 1985, 2258ff., der ein atypischer Sachverhalt (Vereinbarung eines "qualifizierten Rücktrittsrechts unter Vorbehalt der Organisationslösung") zugrunde lag, siehe unten § 8 III 2 a.

[95] NJW 1987, 2004ff. = CR 1987, 358ff. = WM 1987, 818ff.

des einheitlichen Vertrags gleich.⁹⁶ Nach Auffassung des *BGH* begründete die Zusammenfassung der Vereinbarungen über Hard- und Software in einer Urkunde zwar eine Vermutung dafür, daß "ein einheitlicher Vertrag mit gleichen Folgewirkungen bei Störungen in einem Teilbereich abgeschlossen werden sollte". Er sah diese Vermutung jedoch aufgrund der mangelnden Abstimmung von Hard- und Software als widerlegt an, da im konkreten Fall ein "handelsüblicher Computer" und Standardsoftware überlassen worden waren.⁹⁷ Nicht ausreichend zur Annahme einer Vertragseinheit sei der Wille des Anwenders, Hard- und Software gemeinschaftlich zu verwenden.⁹⁸ Unklar ist allerdings das Verhältnis dieser Entscheidung zur oben aa erwähnten Entscheidung des *BGH* vom 4.11.1987. In der letzteren Entscheidung wäre nach den soeben erwähnten Grundsätzen ein einheitlicher Vertrag zu verneinen gewesen. Dennoch ließ der *BGH* die gegenteilige Auffassung des Berufungsgerichts unbeanstandet und rechtfertigte die Entscheidung vom 25.3.1987 mit "den Besonderheiten des dort zu beurteilenden Falles", ohne auch nur mit einem Wort darauf einzugehen, worin diese "Besonderheiten" bestanden hätten.⁹⁹

In der zweiten Entscheidung vom 7.3.1990¹⁰⁰ führte der *BGH* unter Rückgriff auf § 139 BGB zunächst aus, daß für eine Vertragseinheit (zwischen Hardware und Standardsoftware einerseits und Spezialsoftware andererseits) insbesondere beachtlich sein könne, "ob es dem Erwerber erkennbar gerade auf die einheitliche Lieferung bzw. Herstellung der Hard- und Software" ankomme, "weil er nur auf diese Weise ... eine sogenannte 'Gesamtlösung' seiner Probleme erwarten" könnte. Für eine Vertragseinheit könne auch die Zusammenfassung in einer Urkunde sowie die Verpflichtung des Erwerbers sprechen, die gelieferte Software nur auf der vom gleichen Hersteller bezogenen Hardware zu nutzen¹⁰¹ (was im konkreten

---

⁹⁶ Besonders deutlich wird dies im zweiten Leitsatz der Entscheidung (NJW 1987, 2004).
⁹⁷ Vgl. CR 1987, 358, 362f.; dem BGH zustimmend *Braun/Jöckel/Schade* Rn.129.
⁹⁸ CR 1987, 358, 363.
⁹⁹ Vgl. BGH vom 4.11.1987, BGHZ 102, 135, 148. Zur Problematik des Verhältnisses der beiden Urteile zueinander vgl. auch *Junker* Computerrecht, Rn.389; *ders.* JZ 1988, 464, 466; *J.Schneider* Praxis D 146.
¹⁰⁰ NJW 1990, 3011ff. = WM 1990, 987ff. = DB 1990, 1123ff.; s. zu der Entscheidung auch bereits oben 1 a ff.
¹⁰¹ Vgl. III.1.b.bb. der Entscheidungsgründe. Nach den Ausführungen unter III.1.b.bb. a.E. soll die Annahme einer Vertragseinheit wohl auch dann naheliegen, wenn die Software ausschließlich bei der Lieferantin oder aufgrund des kombinierten Erwerbs besonders preiswert erhältlich ist, was allerdings in einem gewissen Widerspruch zu den Ausführungen des BGH in der Entscheidung vom 25.3.1987 steht.

Fall zwischen den Parteien allerdings nicht vereinbart war). Jedoch sei die Annahme des Berufungsgerichts, die aus der einheitlichen Vertragsurkunde folgende Vermutung einer Vertragseinheit sei widerlegt, weil eine zwischen den Parteien nach Vertragsschluß vereinbarte Reduktion des Umfangs der Spezialsoftware gezeigt habe, daß es der Anwenderin nicht ausschließlich auf die Spezialsoftware angekommen sei, aus Rechtsgründen nicht zu beanstanden. Für eine solche Auslegung spreche auch der Umstand, daß Teile der Standardsoftware auch ohne Spezialsoftware sinnvoll nutzbar seien; im übrigen könne eine vereinbarte Vertragseinheit auch durchaus nachträglich wieder aufgehoben werden.[102] Jedenfalls grundsätzlich sei daran festzuhalten, daß die beabsichtigte gemeinschaftliche Verwendung aller Komponenten durch den Anwender nicht zur Annahme eines einheitlichen Vertrags führe.[103]

dd) Die instanzgerichtliche Judikatur[104] weist gegenüber der Rechtsprechung des *BGH* keine neuen Aspekte auf.

b) Die Auffassungen in der Literatur

Köhler sieht in der äußeren Vertragsgestaltung, d.h. der Zusammenfassung verschiedener Vereinbarungen in einer Urkunde bzw. der Aufteilung auf mehrere Urkunden, ein "wichtiges Indiz für einen entsprechenden Parteiwillen." Nach seiner Auffassung sind aber gleichwohl, da es um eine Frage der Auslegung getroffener Vereinbarungen geht, "alle irgendwie relevanten Umstände des Einzelfalles zu berücksichtigen, so etwa die Werbung des Herstellers oder das Bestellschreiben des Kunden, die Verkaufsgespräche, die Art der Preisberechnung." Die Zusammenfassung der Vereinbarungen in einer Urkunde bedeute daher nicht notwendig, daß nur ein Vertrag vorliege und umgekehrt.[105]

Moritz/Tybusseck ziehen die äußere Vertragsgestaltung ebenfalls als Beurteilungskriterium für eine Vertragseinheit heran. Nach ihrer Ansicht läßt eine "Urkundentrennung grundsätzlich Selbständigkeit vermuten."[106]

---

[102] NJW 1990, 3011, 3012.

[103] NJW 1990, 3011, 3012.

[104] Vgl. etwa OLG Hamm vom 22.5.1986, NJW-RR 1988, 439ff. = CR 1988, 297ff.; LG Augsburg vom 5.5.1988, CR 1989, 22, 26f.; LG Nürnberg-Fürth vom 30.11.1984, BB 1986, 277f.

[105] *Köhler* in Lehmann Rn.111; im Ergebnis ebenso *von Westphalen* DB-Beil.3/1989, S.8f. *Heussen* (NJW 1988, 2441, 2444) spricht in diesem Zusammenhang von "geringer indizieller Bedeutung".

[106] *Moritz/Tybusseck* Rn.65.

§ 5 Die Überlassung im Rahmen eines einheitlichen Vertrags

Etwas anderes könne sich jedoch durch Auslegung gemäß §§ 133, 157 BGB ergeben. Indiziell für eine rechtliche Einheit trotz formaler Trennung sei die Verwendung von Begriffen wie "System; Gesamtleistung; ein Vertrag" sowie die Abgabe eines einheitlichen Angebots für Hard- und Software. Gleiches gelte für die Verpflichtung, "die Software spätestens zusammen mit der Anlage oder den Geräten zu überlassen."[107] Unter Berücksichtigung der von der Rechtsprechung zu § 139 BGB entwickelten Formel[108] bestehe ferner dann regelmäßig Anlaß, eine rechtliche Einheit "sorgfältig zu prüfen", wenn es sich um den Erwerb eines Datenverarbeitungssystems durch einen Erstanwender oder die Neuorganisation der Datenverarbeitung eines Altanwenders handle oder falls der Lieferant mit einer "datenverarbeitungstechnischen Lösung" geworben habe.[109]

Junker setzt ebenso wie der *BGH* in der Entscheidung vom 25.3.1987[110] den Begriff des "einheitlichen Rechtsgeschäfts" mit dem des einheitlichen Vertrags gleich.[111] Für den im Rahmen des § 139 BGB zu ermittelnden Einheitlichkeitswillen sei jedoch im Gegensatz zur Auffassung des *BGH* die fehlende technische Abstimmung von Hard- und Software nicht maßgebend. Da für den Einheitlichkeitswillen die wirtschaftliche Verknüpfung nicht entscheidend sei, dürfe für eine technische Verknüpfung nichts anderes gelten; diese sei allenfalls ein Indiz neben anderen und als solches ein schwächeres Indiz als eine einheitliche Vertragsurkunde.[112]

Zahrnt bejaht ebenfalls eine Indizwirkung bei Zusammenfassung mehrerer Leistungen in einer Vertragsurkunde, hält aber die Verwendung getrennter Formulare bei Beurteilung einer Vertragseinheit für unbeachtlich.[113]

Heussen mißt der formellen Aufteilung auf mehrere Vertragsurkunden ebenso wie der Preisbildung nur geringe indizielle Bedeutung bei. Auch soweit mehrere Verträge zeitnah abgeschlossen würden, sei dies nur als Indiz

---

[107] *Moritz/Tybusseck* Rn.66f.
[108] Vgl. dazu ausführlich unten § 6 II.
[109] *Moritz/Tybusseck* Rn.68f.
[110] Vgl. dazu oben a cc.
[111] *Junker* Computerrecht, Rn.392; so wohl auch *von Westphalen* DB-Beil. 3/1989, S.8f.
[112] *Junker* Computerrecht, Rn.387; ders. JZ 1988, 464, 466; ähnlich *Ruppelt* Überlassung S.98.
[113] *Zahrnt* DV-Verträge: Gestaltung, S.121f.; ebenso *Hager* AcP 190 (1990) 325, 354.

zu werten. "Letztlich entscheidend" ist nach seiner Auffassung das "Fehlen einer kompatiblen Ersatzleistung".[114]

c) Eigene Auffassung

aa) Bedeutung der äußeren Vertragsgestaltung

Grundsätzlich können rein formale Kriterien zur Beurteilung einer Vertragseinheit herangezogen werden, wenngleich ihnen nur untergeordnete Bedeutung beikommt. Dies wird in der Literatur meist durch die Formulierung zum Ausdruck gebracht, der äußeren Vertragsgestaltung könne indizielle Bedeutung beigemessen werden. In gewissem Umfang bedarf dieser Grundsatz bei Hard- und Softwareüberlassung jedoch der Modifikation, was auf die besonderen wirtschaftlichen und historischen Gegebenheiten im EDV-Bereich zurückzuführen ist.

Soweit es sich um die **Verwendung getrennter Urkunden** handelt, hat bereits *Zahrnt* darauf hingewiesen, daß die Gründe hierfür unterschiedlicher Natur sein können.[115] Zum einen sind bei einer Vielzahl von Lieferanten verschiedene Stellen ("Profit Centers") für die Vertragsabwicklung zuständig;[116] die Begründung für getrennte Formulare liegt hier allein in arbeitstechnischen Erleichterungen. Ein weiterer Grund ist eher historischer Natur: bei der Entwicklung der Marktstrategie der Anbieter vom "Bundling" zum "Unbundling"[117] lag es nahe, die nunmehr erhobene gesonderte Vergütung für die Software auch mit Hilfe der Verwendung getrennter Formulare durchzusetzen.[118] Diese Übung ist bis heute vielfach beibehalten worden, ohne daß aus ihrem Vorhandensein allerdings der Wille der Parteien gefolgert werden könnte, mehrere rechtlich getrennte Verträge abzuschließen. Schließlich kann davon ausgegangen werden, daß die unklare rechtliche Einordnung der Softwareüberlassungsverträge[119] eine nicht unerhebliche

---

[114] *Heussen* in Kilian/Heussen Kap.24 Rn.30, 33-36. *Heussen* erörtert diese Kriterien allerdings nicht unter dem Gesichtspunkt einer Vertragseinheit, sondern unter dem Gesichtspunkt einer "wirtschaftlichen Verbindung". Nach seiner Auffassung bilden "wirtschaftliche, technische und organisatorische Verbindungen" einzelner Leistungen "objektive Kriterien für die Verkehrsanschauung", aus denen sich die "tatsächliche Zusammengehörigkeit von Leistungen" i.S.e. Systemverantwortung ergeben kann (aaO. Kap.24 Rn.19).

[115] Vgl. *Zahrnt* IuR 1986, 59, 60, sowie *ders.* BB 1984, 1007.

[116] Vgl. *Zahrnt* IuR 1986, 59, 60, sowie *ders.* BB 1984, 1007.

[117] Vgl. dazu ausführlich oben § 3 I.

[118] Vgl. *Zahrnt* IuR 1986, 59, 60, sowie *ders.* BB 1984, 1007.

[119] Vgl. zu diesem Komplex die Nachweise im 1.Kap. in Fn.24.

Anzahl von Lieferanten veranlaßt hat, die (rechtlich) unproblematische Überlassung der Hardware in einem gesonderten Formular als Kauf bzw. Miete zu klassifizieren, während davon räumlich getrennt eine eindeutige Qualifikation der Vereinbarungen hinsichtlich der Software durch Verwendung unscharfer Begriffe (beispielhaft sind hier die Bezeichnungen "Überlassungsvertrag, Nutzungsvertrag, Lizenzvertrag") bewußt vermieden wurde.[120] Ob als Ziel einer derartigen Trennung zugleich die vertragliche Aufspaltung der einzelnen Leistungen bezweckt wurde, erscheint zumindest fraglich. Faßt man alle soeben genannten Umstände zusammen, so bleibt von einer Indizwirkung bei Verwendung getrennter Urkunden nahezu nichts mehr übrig. Aus diesem Grunde sollte konsequenterweise darauf verzichtet werden, der Verwendung getrennter Urkunden bei Hard- und Softwareüberlassung indizielle Bedeutung beizumessen oder diese zum Ausgangspunkt rechtlich relevanter Schlußfolgerungen zu machen.

Anders ist der umgekehrte Fall der **Zusammenfassung** der Hard- und Softwareleistungen **in einer Urkunde** zu beurteilen. Eine derartige Vertragsgestaltung weicht gerade unter Berücksichtigung der soeben angeführten Besonderheiten im EDV-Bereich in nicht unerheblichem Maße von den in der EDV-Branche üblichen Gepflogenheiten ab. Hier ist es somit gerechtfertigt, die konkrete äußere Vertragsgestaltung als ein Indiz für einen entsprechenden Parteiwillen anzusehen. Doch auch in diesem Fall gilt, was bereits zu Anfang des Abschnitts erwähnt wurde: rein formalen Kriterien kommt nur untergeordnete Bedeutung zu. Die näheren Umstände des Einzelfalls können daher auch hier jederzeit zu einer abweichenden Beurteilung führen.

bb) Maßgeblichkeit des Parteiwillens

Gibt die äußere Vertragsgestaltung bei der Beurteilung einer Vertragseinheit wenig her, ist der sonst zu ermittelnde Wille der Parteien von um so größerer Bedeutung. Bevor jedoch einzelne vertragliche Regelungen sowie die Umstände des Zustandekommens der Vereinbarungen in bezug auf ihre Relevanz für die Annahme einer Vertragseinheit näher betrachtet

---

[120] Zur Eigenbezeichnung der Verträge durch die Lieferanten vgl. *Kilian* CR 1986, 187, 189. Paradigmatisch sind die getrennten Vertragsdokumente von SIEMENS, abgedruckt bei *Zahrnt* DV-Verträge: Rechtsfragen, S.117.

werden, soll zunächst auf die von der Rechtsprechung[121] und einem Teil der Literatur[122] vorgenommene **Gleichstellung eines einheitlichen Vertrags mit einem einheitlichen Rechtsgeschäft im Sinne des § 139 BGB** eingegangen werden.

Eine derartige Gleichstellung unterliegt Bedenken. Im Bereich des § 139 BGB wird zwischen "streng einheitlichen" und "nicht streng einheitlichen" Rechtsgeschäften unterschieden.[123] Einheitlichkeit "im strengen Sinne" liegt bei Zusammenfassung mehrerer Vereinbarungen in einem Vertrag vor.[124] Die Anwendung des § 139 BGB ist allerdings nicht auf streng einheitliche Rechtsgeschäfte beschränkt. Es genügt vielmehr, daß mehrere rechtlich selbständige Rechtsgeschäfte zu einem *wirtschaftlich einheitlichen Rechtsgeschäft* zusammengefaßt werden,[125] was gerade auch im Verhältnis zweier selbständiger Verträge zueinander der Fall sein kann.[126] Ein in diesem Sinne einheitliches Rechtsgeschäft wird immer dann bejaht, wenn der Wille der Parteien darauf gerichtet ist, daß die unterschiedlichen Vereinbarungen gemeinsam miteinander "stehen und fallen" sollen.[127] Zwar findet sich in diesem Zusammenhang häufig der Hinweis, die wirtschaftliche Zusammengehörigkeit der Geschäfte reiche für sich allein nicht aus.[128] Zugleich wird jedoch betont, es sei nicht erforderlich, daß zwischen den Geschäften ein rechtlicher Zusammenhang durch rechtsgeschäftliche Bedingungen hergestellt worden ist.[129] Die Voraussetzungen, die an ein "nicht streng

---

[121] Vgl. dazu die Ausführungen oben a cc. Der BGH hat bereits 1976 in einer § 139 BGB betreffenden Entscheidung den Ausdruck "Vertragseinheit" verwendet (BGH vom 30.4.1976, NJW 1976, 1931, 1932).

[122] Vgl. dazu die Ausführungen oben b.

[123] Vgl. Soergel-*Hefermehl* § 139 Rn.16f.; Erman-*Brox* § 139 Rn.13.

[124] Vgl. Soergel-*Hefermehl* § 139 Rn.16.

[125] Vgl. Soergel-*Hefermehl* § 139 Rn.17; RG vom 5.12.1911, RGZ 78, 41, 43f.; RG vom 25.6.1912, RGZ 79, 434, 436. *Dilcher* spricht von "mehreren wirtschaftlich eine Einheit bildenden Rechtsgeschäften, deren *wirtschaftlicher Zusammenhang* so stark ist, daß er rechtlich nicht unberücksichtigt bleiben kann ... " (Staudinger-*Dilcher* § 139 Rn.14); vgl. dazu auch *Canaris* Bankvertragsrecht Rn.1419; *Fikentscher* SchuldR § 65 I = S.401.

[126] Vgl. RG vom 25.6.1912, RGZ 79, 434, 436; Staudinger-*Dilcher* § 139 Rn.14; Soergel-*Hefermehl* § 139 Rn.17.

[127] Vgl. BGH vom 30.4.1976, NJW 1976, 1931, 1932; BGH vom 23.2.1968, BGHZ 50, 8, 13; BGH vom 20.5.1966, LM Nr.34 zu § 139 BGB; Soergel-*Hefermehl* § 139 Rn.17; *Köhler* BGB AT § 22 I 2.

[128] Vgl. BGH vom 3.12.1969, DB 1970, 1591; BGH vom 20.5.1966, LM Nr.34 zu § 139 BGB; Soergel-*Hefermehl* § 139 Rn.17; RGRK-*Krüger-Nieland/Zöller* § 139 Rn.29; Palandt-*Heinrichs* § 139 Anm.3 a.

[129] Vgl. BGH vom 30.4.1976, NJW 1976, 1931, 1932; BGH vom 20.5.1966, LM Nr.34 zu § 139 BGB; Soergel-*Hefermehl* § 139 Rn.17; RGRK-*Krüger-Nieland/Zöller* § 139 Rn.29.

§ 5 Die Überlassung im Rahmen eines einheitlichen Vertrags

einheitliches" Rechtsgeschäft gestellt werden, sind daher geringer als diejenigen, die an einen einheitlichen Vertrag gestellt werden. Für die Richtigkeit dieser Auffassung spricht zudem, daß ein einheitliches Rechtsgeschäft im Sinne des § 139 BGB bereits bejaht wird, wenn auch nur einer der Vertragspartner einen "Einheitlichkeitswillen" hatte, dieser aber dem anderen Vertragspartner erkennbar war und von ihm gebilligt oder auch nur hingenommen wurde:[130] hierbei handelt es sich gerade nicht mehr um eine rechtsgeschäftlich vereinbarte Vertragseinheit, sondern um einen außerhalb vertraglicher Regelungen zum Ausdruck gebrachten Willen der Parteien,[131] der allerdings rechtliche Wirkungen dann entfaltet, wenn die weiteren Voraussetzungen des § 139 BGB vorliegen. Eine Gleichstellung eines einheitlichen Vertrags mit einem einheitlichen Rechtsgeschäft im Sinne des § 139 BGB ist daher abzulehnen.

Die Problematik der Abgrenzung eines einheitlichen Vertrags von mehreren getrennten Verträgen stellt sich als Vorfrage bei der Behandlung typengemischter Verträge und ist dort vor allem in der älteren Literatur Gegenstand von Erörterungen gewesen.[132] In der neueren Literatur hat der Ansatz von *Larenz*,[133] der wiederum auf *Hoeniger*[134] zurückzuführen ist, Zustimmung gefunden.[135] Entscheidend für die Annahme eines einzigen Vertrags ist nach *Larenz*, daß die verschiedenen Leistungen "als zusammengehörend", d.h. *gerade in ihrer Verbindung miteinander* geschuldet werden. Dies soll dann der Fall sein, wenn das spezifische Vertragsinteresse des Leistungsempfängers gerade darauf gerichtet ist, sie alle zusammen, miteinander, zu erhalten.[136] Das Merkmal der Zusammengehörigkeit entnimmt

---

[130] Vgl. BGH vom 30.4.1976, NJW 1976, 1931, 1932; BGH vom 9.3.1971, LM Nr.46 zu § 139 BGB; Staudinger-*Dilcher* § 139 Rn.15; Erman-*Brox* § 139 Rn.21.

[131] A.A. aber *Rother* FS Larenz, S.439, der einen die Einzelverträge verklammernden eigenen Vertrag annimmt. Soweit unter Bezugnahme auf § 139 BGB von einem "zusammengesetzten Vertrag" oder einem "einheitlichen Gesamtvertrag" die Rede ist (vgl. etwa Soergel-*Wolf* § 305 Rn.36; Erman-*Battes* Einl. § 305 Rn.18; Palandt-*Heinrichs* Einf.v. § 305 Anm.5 a aa) stellt sich die Frage, wie die für einen Vertragsschluß erforderlichen Willenserklärungen der Parteien begründet werden sollen: die Konstruktion eines "erkennbaren", nicht notwendig ausdrücklich geäußerten Willens einer Partei als Antrag zu werten, der durch Hinnahme der anderen Partei stillschweigend angenommen wird, erscheint m.E. als äußerst gekünstelt.

[132] Bereits *Regelsberger* in Jher.Jb. Bd.48, S.453ff. und *Hoeniger* S.87ff. haben dieser Frage breiten Raum gewidmet. Eine Zusammenfassung des Diskussionsstands bis 1936 findet sich bei *Charmatz* S.294ff.

[133] *Larenz* SchuldR II § 62 I = S.423.

[134] *Hoeniger* S.87ff., insbes. S.89.

[135] Vgl. *Medicus* SchuldR II § 120 II = S.257.

[136] Vgl. *Larenz* SchuldR II § 62 I = S.423.

2. Kapitel: Die Überlassung von Hardware und Software "aus einer Hand"

Hoeniger dem § 469 BGB: da die Vorschrift eine "intensive Beeinflussung der Rechtsfolgen" bei getrennten Leistungen nur anordne, wenn diese als zusammengehörend versprochen seien, könne daraus das Prinzip der Einheit des Vertrags abgeleitet werden.[137] *Ob die Leistungen jedoch gerade in ihrer Verbindung miteinander geschuldet werden, hängt ab von den im Vertrag* durchgesetzten Interessen,[138] weshalb im folgenden einzelne vertragliche Regelungen sowie Umstände des Zustandekommens der Vereinbarungen über Hard- und Software im Bezug auf ihre rechtliche Relevanz für die Annahme einer Vertragseinheit näher betrachtet werden.

Notwendig ist zunächst ein *unmittelbarer zeitlicher Zusammenhang* zwischen den Vereinbarungen über Hard- und Software, welche - wie bereits oben dargelegt - durchaus auch in getrennten Urkunden niedergelegt werden können. Liegt zwischen den einzelnen Vereinbarungen ein *erheblicher Zeitraum*, so wird eine Vertragseinheit nur dann anzunehmen sein, wenn es sich um eine Erweiterung oder Änderung des ursprünglich geschlossenen Vertrags handelt, was sich allerdings deutlich aus den Vereinbarungen ergeben muß. Wann eine Zeitspanne erheblich ist, richtet sich nach dem Umfang des Geschäfts: bei einem Kauf "von der Stange" (Beispiel: Microcomputer und Standardanwendungssoftware im Gesamtwert von 3000,- DM werden im "Computershop"[139] erworben) wird ein Tag bereits als erheblich angesehen werden müssen. Andere Maßstäbe gelten beim Erwerb einer Großrechenanlage im Wert von mehreren hunderttausend DM (Beispiel: Netzwerk mit umfangreicher Individualprogrammierung); dort werden je nach Fortschreiten der oftmals komplizierten Vertragsverhandlungen zwischen einzelnen Vereinbarungen nicht selten mehrere Tage - unter Umständen Wochen - liegen, ohne daß dieser Zeitraum als erheblich zu bezeichnen wäre.

Verwenden die Parteien in ihren vertraglichen Regelungen *Hard- und Software umfassende Bezeichnungen* wie z.B. "Gesamtsystem"[140], sprechen

---

[137] Vgl. *Hoeniger* S.89.
[138] Vgl. *Medicus* SchuldR II § 120 II = S.257.
[139] Zu den Vertriebsstrukturen von Hard- und Software siehe oben § 3 II.
[140] Einen Sonderfall stellt die Entscheidung des BGH vom 20.6.1984, WM 1984, 1089ff. dar (vgl. auch oben II 1 a bb). Dort war im Leasingvertrag zwar von einem "Praxis-Computer-System" die Rede. Bei den sodann einzeln erwähnten Bestandteilen dieses "Systems" war die Software jedoch nicht aufgeführt. Vgl. dazu auch im Text unten dd.

§ 5 Die Überlassung im Rahmen eines einheitlichen Vertrags 73

sie von einer "Gesamtkonzeption"[141], einer "Paket-" oder "Organisationslösung"[142], wird dies in aller Regel zur Annahme eines einheitlichen Vertrags führen; derartiger Begriffe werden sich die Parteien nämlich nur dann bedienen, wenn eine Einheit von Hard- und Software gewollt ist, d.h. besonderer Wert auf das reibungslose Zusammenspiel beider Komponenten gelegt wurde. Gleiches wird für wechselseitige Bezugnahmen in den einzelnen Vereinbarungen zu gelten haben; insbesondere für solche Vereinbarungen, die eine Verpflichtung des Anwenders beinhalten, die Software ausschließlich in Verbindung mit der vom gleichen Hersteller bezogenen Hardware zu benutzen.

Für eine Vertragseinheit sprechen ferner bestimmte *Fälligkeitsregelungen*, welche sowohl die Leistung des Lieferanten als auch die des Anwenders betreffen können. Paradigmatisch ist die vertraglich vereinbarte Garantie des Lieferanten einer fristgerechten "Einführung" eines Projekts, welches nach erfolgter Hard- und Softwareinstallation durchgeführt werden soll.[143] In ähnlicher Weise sind nach Lieferumfang und Betriebsbereitschaft gestaffelte Fälligkeitsregelungen hinsichtlich des vom Anwender zu zahlenden Entgelts[144] zu werten.

Der vom *BGH* in der Entscheidung vom 23.3.1983[145] herangezogene *Verwendungszweck* wird dann maßgeblich für die Beurteilung einer Vertragseinheit sein, wenn der gemeinsame Einsatz von Hard- und Software im Vertrag seinen Niederschlag gefunden hat.[146]

Bei der Beurteilung der Bedeutung der *Preisgestaltung* ist zu differenzieren. Unerheblich ist die Bildung von *Einzel-* oder *Gesamtpreisen*. Der gesetzliche Anhaltspunkt hierfür ergibt sich aus § 469 S.1 BGB, der auch bei Bildung eines Gesamtpreises beim Verkauf mehrerer Sachen vom Grund-

---

[141] Dies war der Fall in einer Entscheidung des OLG Köln vom 29.1.1981, abgedruckt bei *Zahrnt* DV-Rspr. Bd.1, K/M-11.

[142] Vgl. BGH vom 21.2.1990, NJW-RR 1990, 884ff.

[143] Vgl. BGH vom 24.6.1986, CR 1986, 799. Der genaue Wortlaut der Klausel lautete: "(Der Lieferant) ist bereit, im Betrieb (des Anwenders) ... ein Terminal für die Verarbeitung des bekannten S-Projektes zu installieren und garantiert Einführung zum 1.September 1980"; siehe zu der Entscheidung auch schon oben II 1 a cc.

[144] Vgl. dazu BGH vom 23.3.1983, NJW 1983, 1903, 1905 und oben II 2 a.

[145] NJW 1983, 1903, 1905.

[146] Für eine Vertragseinheit spricht etwa eine Formulierung wie die folgene: "Betreffend die Umstellung der Kanzlei X auf EDV: der Lieferant L überläßt dem Anwender A folgende Komponenten: Hardware ... Software ...".

satz der Einzelwandlung ausgeht. Der in dieser Vorschrift zum Ausdruck kommende Wille des Gesetzgebers, die Bestimmung einer Gesamtgegenleistung des Erwerbers als unerheblich für die Frage der Zusammengehörigkeit im Sinne des § 469 S.2 BGB anzusehen,[147] läßt sich angesichts der weitgehenden Parallelität bei der Frage einer Vertragseinheit auch hier heranziehen.[148]

Eine andere Bewertung ist bei *Preisnachlässen* geboten. Preisnachlässe können sowohl bei der Bildung von Einzel- als auch bei der Bildung von Gesamtpreisen eingeräumt werden, ersterenfalls durch Gewährung eines Rabatts auf jeden einzelnen Vertragsgegenstand, letzterenfalls durch Bildung eines Gesamtpreises, der unter den Einzelpreisen liegt.[149] Werden Hard- und Software gemeinsam erworben, sind Preisnachlässe (unter Umständen bis zu 50 %) bei der Software nicht selten; der insgesamt zu zahlende Preis liegt so erheblich unter dem Preis, der für die einzeln zu beziehenden Gegenstände zu zahlen wäre. Hier wird man auf einen Einheitlichkeitswillen des Lieferanten schließen können, wenn er den günstigen Softwarepreis über den Verkauf der Hardware finanziert; denn der Lieferant will den Sonderpreis für die Software nur dann einräumen, wenn zugleich ein wirksamer Hardwarevertrag abgeschlossen wird.[150] Und auch der Anwender wird an einer Vertragseinheit interessiert sein, da er nur bei gleichzeitigem Erwerb in den Genuß des Preisnachlasses kommt. Unter diesem Aspekt ist das Urteil des *BGH* vom 25.3.1987,[151] in dem die Parteien nicht nur eine gemeinsame Urkunde über die Überlassung von Hard- und Software errichtet hatten, sondern auch nach den Feststellungen der Vorinstanz[152] der Erwerb der Software ohne Hardware doppelt so teuer gewesen wäre, äußerst bedenklich: beides sprach für eine Vertragseinheit, die der *BGH* aber im Hinblick auf die mangelnde technische Abstimmung von Hard- und Software verneinte.[153]

---

[147] Vgl. Mot.II, S.235.

[148] A.A. aber wohl *Heussen/Seidel* S.113f., 131 unter unzutreffender Berufung auf BGH vom 4.11.1987, BGHZ 102, 135ff.

[149] Zur Zulässigkeit derartiger Preisnachlässe vgl. §§ 1ff., insbes. § 9 RabattG.

[150] Vgl. auch *Köhler* in Lehmann Rn.125.

[151] NJW 1987, 2004 = CR 1987, 358; vgl. zu dem Urteil auch schon oben II 1 a dd und 2 a cc.

[152] Vgl. OLG Stuttgart vom 3.1.1986, CR 1986, 639, 641.

[153] Kritisch zu der Entscheidung im Hinblick auf die Preisgestaltung bereits *Köhler* CR 1987, 827, 834. In einem gewissen Widerspruch zur Entscheidung vom 25.3.1987 steht allerdings in diesem Zusammenhang das Urteil des BGH vom 7.3.1990, NJW 1990, 3011, 3012f.

§ 5 Die Überlassung im Rahmen eines einheitlichen Vertrags   75

Der zuletzt erwähnte Umstand wirft die Frage auf, ob für die Ermittlung einer Vertragseinheit nicht nur der Parteiwille, sondern zusätzlich auch *objektive Momente* herangezogen werden können. Diese Frage ist zu bejahen.[154] Unmittelbar einsichtig ist dies bereits bei der Erörterung der Voraussetzung eines zeitlichen Zusammenhangs zwischen den Vereinbarungen über Hard- und Software geworden: Maßgebend war dort der objektiv zu ermittelnde Geschäftsumfang. Zudem ist für die parallele Problematik der "Zusammengehörigkeit" im Sinne des § 469 S.2 BGB seit langem anerkannt, daß dieses Merkmal sowohl subjektive als auch objektive Merkmale enthält.[155] Die vom *BGH* erwähnte mangelnde *technische Abstimmung* von Hard- und Software war daher dem Grunde nach durchaus als Wertungskriterium geeignet.[156] Vorzuwerfen ist dem *BGH* in diesem Zusammenhang allerdings, daß er dem Fehlen der technischen Abstimmung zu große Bedeutung beigemessen hat, während er die Preisgestaltung - zumindest in der Entscheidung vom 25.3.1987[157] - als unerheblich ansah: der in der urkundlichen Zusammenfassung und in der Preisgestaltung zum Ausdruck kommende Wille der Parteien hätte es durchaus gerechtfertigt, das aufgrund der mangelnden technischen Abstimmung entstandene Indiz zweier voneinander unabhängiger Vereinbarungen als widerlegt anzusehen.

Anzumerken bleibt schließlich, daß es den Parteien selbstverständlich freisteht, eine ursprünglich vereinbarte Vertragseinheit nachträglich wieder aufzuheben.[158]

Weniger Gewicht als den soeben dargestellten Kriterien ist den *sonstigen Umständen des Zustandekommens der einzelnen Vereinbarungen* beizumessen. Die Werbung, die vorvertraglichen Verhandlungen, die Abgabe eines

---

Dort wird unter III.1.b.bb. a.E. der Entscheidungsgründe zumindest erwogen, die Gewährung von Preisnachlässen bei der Beurteilung einer Vertragseinheit zu berücksichtigen.

[154] Vgl. dazu auch *Regelsberger* Jher.Jb. Bd.48, S.453, 464f., der eine Parallele zur Begründung der sachenrechtlichen Zubehöreigenschaft zieht: auch diese entstehe nicht ohne Parteiverfügung, aber nur auf einer bestimmten davon unabhängigen wirtschaftlichen Grundlage.

[155] Vgl. RG vom 17.5.1907, RGZ 66, 154, 156; BGH vom 28.1.1970, DB 1970, 341; Staudinger-*Honsell* § 469 Rn.3.

[156] Gleiches gilt umgekehrt natürlich auch für eine *vorhandene* technische Abstimmung; vgl. hierzu BGH vom 25.1.1989, NJW-RR 1989, 559, 560 = LM Nr.3 zu § 469 BGB. Jedoch ist in diesen Fällen zu beachten, daß dort bereits eine technische Einheit vorliegen kann.

[157] S. hierzu Fn.153.

[158] Ob bei Lieferung von Hardware, Standard- und Individualsoftware allein in der nachträglichen Vereinbarung einer Reduktion des Umfangs der Individualsoftware eine solche Aufhebung gesehen werden kann (so wohl BGH vom 7.3.1990, NJW 1990, 3011, 3012), erscheint allerdings fraglich.

einheitlichen Angebots, die Tatsache, daß der Anwender die Auswahl von Hard- und Software vollständig dem Lieferanten überlassen hat[159] oder daß es sich um einen Erstanwender handelt u.s.w.; all diese Umstände sind zwar von erheblicher, gegebenenfalls ausschlaggebender Bedeutung für die Verknüpfung der Vereinbarungen über die unten § 6 angeführten Rechtsinstitute; sie führen jedoch - liegen sie allein vor - nicht zwingend zur Bejahung des an dieser Stelle erörterten einheitlichen Vertrags.

cc) Verwendung von Trennungsklauseln

Einige Lieferanten verwenden in ihren allgemeinen Geschäftsbedingungen **Trennungsklauseln**. So formuliert einer der größten deutschen Hard- und Softwarehersteller in seinen "Bedingungen für Überlassung von Standardsoftware" unter "9.Gewährleistung" in Ergänzung zum endgültigen Fehlschlagen der Nachbesserung: "Macht der Anwender Gewährleistungsrechte geltend, hat dies keinen Einfluß auf weitere zwischen ihm und (dem Lieferanten) geschlossene Verträge".[160] Eine andere Fassung lautet: "Hat der Kunde in Verbindung mit dem Hardwarevertrag einen Software-Lizenzvertrag abgeschlossen, so kann er dann keine Rückgängigmachung des Hardwarevertrags verlangen, wenn er den Software-Lizenzvertrag ganz oder teilweise rückgängig gemacht hat".[161]

Die Möglichkeit einer vertraglichen Trennung der Vereinbarungen über Hard- und Software durch Verwendung derartiger Klauseln wird im Hinblick auf die Regelungen des AGBG verneint, wobei sowohl auf § 3 und § 4 als auch § 9 AGBG verwiesen wird.[162]

---

[159] Vgl. dazu LG Augsburg vom 5.5.1988, CR 1989, 22, 26.

[160] Die Klausel ist abgedruckt bei *Zahrnt* BB 1988, 1687, 1690.

[161] Siehe hierzu auch *Mehrings* CR 1986, 269, 270.

[162] Für Anwendung des § 3 AGBG *Heussen* NJW 1988, 2441, 2444; *ders.* in Kilian/Heussen Kap.24 Rn.41; dagegen *Moritz/Tybusseck* Rn.70. Für Anwendung des § 4 AGBG *Köhler* in Lehmann Rn.112; *von Westphalen* CR 1987, 477, 484; *ders.* Leasingvertrag Rn.492; *ders.* DB-Beil.3/1989, S.9; *Braun/Jöckel/Schade* Rn.241; *Hager* AcP 190 (1990) 325, 355. Beide Vorschriften werden herangezogen von *Schmidt* in Lehmann Rn.19; *Zahrnt* BB 1988, 1687, 1690; *ders.* DV-Verträge: Rechtsfragen, S.119. Für Anwendung des § 9 AGBG *von Westphalen* CR 1987, 477, 484f.; *ders.* Leasingvertrag Rn.492; *Zahrnt* BB 1988, 1687, 1690; *ders.* DV-Verträge: Rechtsfragen, S.119; *Heussen* NJW 1988, 2441, 2444; *ders.* in Kilian/Heussen Kap.24 Rn.41; unentschieden *Schmidt* in Lehmann Rn.19; differenzierend *Moritz/Tybusseck* Rn.70, 74, 80-82.

In diesem Zusammenhang ist darauf hinzuweisen, daß das in der o.g. Literatur mehrfach erwähnte Urteil des LG München I vom 12.8.1980, BB 1980, 1552 (dazu *Schwamb* CR 1987, 500, 502) nicht einschlägig ist. Dort hatte der Lieferant getrennte Formulare und unterschiedliche AGB, jedoch *keine* Trennungsklausel verwandt. Das LG ging aufgrund der getrennten Formulare von zwei Verträgen aus, wertete dieses Ergebnis als rechtsmißbräuchliche

§ 5 Die Überlassung im Rahmen eines einheitlichen Vertrags

Soweit § 3 AGBG als Begründung herangezogen wird,[163] ist dem zu widersprechen. § 3 AGBG ordnet an, daß überraschende Klauseln, d.h. solche Klauseln, denen ein Überrumpelungs- oder Übertölpelungseffekt innewohnt, nicht Vertragsbestandteil werden. Maßstab für den überraschenden Charakter einer Bestimmung ist nicht nur der Vertragstyp; auch individuelle Abreden können diese Funktion haben.[164] Grundsätzlich kann daher der anhand der oben bb aufgezeigten Kriterien ermittelte Parteiwille Maßstab sein. Auch steht der Parteiwille, der auf eine Vertragseinheit gerichtet ist, im Widerspruch zu einer formularmäßigen Trennungsklausel. Die Anwendbarkeit des § 3 AGBG scheitert jedoch daran, daß dieser Parteiwille zum *Gegenstand vertraglicher Vereinbarungen* gemacht und so dem Anwendungsbereich des § 3 AGBG entzogen worden ist:[165] die mit einer solchen Vereinbarung kollidierende AGB-Klausel ist nicht als überraschende Klausel gemäß § 3 AGBG zu behandeln; sie ist vielmehr unanwendbar, weil gemäß § 4 AGBG individuelle Vertragsabreden den Vorrang vor AGB haben.[166]

Genau umgekehrt verhält es sich, wenn die Vereinbarungen über Hard- und Software in zwei getrennten Verträgen niedergelegt, aber im Rahmen eines wirtschaftlich einheitlichen Rechtsgeschäfts (§ 139 BGB)[167] miteinander verbunden sind. Dort kann die Vorschrift des § 4 AGBG nicht

---

"überraschende Vertragsgestaltung im Sinne von § 3 AGBG" und ergänzte nach Treu und Glauben den Vertrag um eine unstreitig zwischen den Parteien nicht (!) vereinbarte "Verbindungsklausel". Abgesehen von der übergroßen Bewertung des rein formalen Kriteriums der urkundlichen Trennung und der durch nichts gerechtfertigten Vertragsergänzung hätte hier auch § 3 AGBG nicht angewandt werden dürfen, da es bereits an einer *Klausel* fehlte und für die Anwendung des § 3 AGBG in denjenigen Fällen kein Raum besteht, in denen die rechtliche Gestaltung der Vertragsbeziehungen *insgesamt* überraschend ist; vgl. hierzu näher Ulmer in Ulmer/Brandner/Hensen § 3 Rn.6.

[163] Vgl. die Nachweise in der vorigen Fn.

[164] Vgl. Staudinger-*Schlosser* § 3 AGBG Rn.23.

[165] Vgl. MünchKomm-*Kötz* § 3 AGBG Rn.5. Es handelt sich hier um einen unmittelbaren (direkten) Widerspruch zwischen Individualabrede und AGB-Klausel; auf die Streitfrage, wonach mittelbare (indirekte) Widersprüche zu beurteilen sind (vgl. dazu einerseits Ulmer in Ulmer/Brandner/Hensen § 4 Rn.12; Palandt-*Heinrichs* §§ 4,5 AGBG Anm.2 b; andererseits Staudinger-*Schlosser* § 3 AGBG Rn.23; kritisch zu dieser Unterscheidung MünchKomm-*Kötz* § 4 AGBG Rn.3; *Lindacher* in Wolf/Horn/Lindacher § 3 Rn.9), ist daher nicht einzugehen.

[166] Vgl. MünchKomm-*Kötz* § 3 AGBG Rn.5.; ähnlich *Soergel-Stein* § 3 AGBG Rn.14; *Lindacher* in Wolf/Horn/Lindacher § 3 Rn.10. *Löwe/von Westphalen/Trinkner* § 3 Rn.12 weisen darauf hin, daß eine vorrangige Individualabrede nach § 4 AGBG "die Prüfung des § 3 AGBG auch bei Widerspruch in den AGB entbehrlich" mache.

[167] Vgl. dazu oben bb und unten § 6 II.

herangezogen werden, da es an einer "individuellen Vertragsabrede" fehlt.[168] Wohl aber ist ein Rückgriff auf § 3 AGBG möglich, der gerade dann eingreift, wenn die Begleitumstände des Vertragsschlusses (Werbung, einheitliches Angebot usw.[169]) eine Erwartungshaltung des Anwenders (im Hinblick auf eine Einheit im Sinne des § 139 BGB) begründet haben, denen in AGB (durch Trennungsklauseln) überraschend widersprochen wird.[170]

Hält man § 3[171] bzw. § 4 AGBG[172] und § 9 AGBG für nebeneinander anwendbar, kann als Begründung einer Unwirksamkeit von Trennungsklauseln ebenfalls § 9 Abs. 2 Nr. 2 AGBG herangezogen werden. Denn wenn die Natur der Vereinbarungen über Hard- und Software durch den Zweck geprägt ist, beide Komponenten nur gemeinsam einzusetzen, verändert eine AGB-Klausel, die die Unabhängigkeit beider Vereinbarungen beinhaltet, die Natur dieser vertraglichen Vereinbarungen und gefährdet zugleich den Vertragszweck,[173] d.h. den mit der Vertragsdurchführung angestrebten wirtschaftlichen Erfolg.[174]

dd) Der Sonderfall des Software-Leasing

Wird EDV im Wege eines Finanzierungsleasingvertrags überlassen, stellt sich oft die Frage, ob die Software Bestandteil des Leasingvertrags gewor-

---

[168] Zum Begriff der Individualabrede im Sinne des § 4 AGBG vgl. *Lindacher* in Wolf/Horn/Lindacher § 4 Rn.5ff. Der im Bereich des § 139 BGB relevante Einheitlichkeitswille stellt keine vertragliche Regelung der Parteien dar, vgl. bereits oben bb.

[169] Siehe hierzu auch oben bb a.E.

[170] Vgl. Soergel-*Stein* § 3 AGBG Rn.14; MünchKomm-*Kötz* § 3 AGBG Rn.3f.

[171] Für eine Gleichrangigkeit von § 3 und § 9 AGBG Soergel-*Stein* Vor § 8 AGBG Rn.8, § 3 Rn.3; *Ulmer* in Ulmer/Brandner/Hensen § 3 Rn.5; *Lindacher* in Wolf/Horn/Lindacher § 3 Rn.6. Für Vorrang des § 3 AGBG dagegen Staudinger-*Schlosser* Einl. zum AGBG Rn.17; MünchKomm-*Kötz* Vor § 8 AGBG Rn.4; Erman-*Hefermehl* § 3 AGBG Rn.3. Widersprüchlich Palandt-*Heinrichs* § 3 AGBG Anm.1 a.E. einerseits und Vorb.v. § 8 AGBG Anm.4 d andererseits. Richtigerweise dürften beide Vorschriften nebeneinander anwendbar sein, da der Gesetzgeber in § 3 AGBG dem Vertragspartner neben der Inhaltskontrolle einen zusätzlichen Schutz geben wollte, vgl. BTDrucks.7/3919, S.19.

[172] Für eine Gleichrangigkeit von § 4 und § 9 AGBG Soergel-*Stein* Vor § 8 AGBG Rn.8, § 4 Rn.4; *Lindacher* in Wolf/Horn/Lindacher § 4 Rn.4. Für Vorrang des § 4 AGBG Münch-Komm-*Kötz* Vor § 8 AGBG Rn.4; Palandt-*Heinrichs* Vorb.v. § 8 AGBG Anm.4 d; Staudinger-*Schlosser* Einl. zum AGBG Rn.17 (s. aber auch § 4 AGBG Rn.2). Für Vorrang des § 9 AGBG *Ulmer* in Ulmer/Brandner/Hensen § 4 Rn.2 a; Erman-*Hefermehl* § 4 AGBG Rn.6. Soweit eine Gleichrangigkeit verneint wird, wird jedoch darauf hingewiesen, daß aus Gründen der Prozeßökonomie es dem Richter freistehe, die Unbeachtlichkeit einer AGB-Klausel sowohl mit § 4 als auch § 9 AGBG zu begründen.

[173] Zur parallelen Problematik der Verwendung von Trennungsklauseln beim finanzierten Abzahlungskauf vgl. BGH vom 25.3.1982, BGHZ 83, 301, 307f.; BGH vom 19.9.1985, BGHZ 95, 350, 354.

den ist, da der Vertragstext nur die Hardware aufführt.[175] Die Antwort auf diese Frage ergibt sich, wenn man den wirtschaftlichen Hintergrund von Leasingverträgen näher betrachtet.

Neben betriebswirtschaftlichen Gesichtspunkten[176] sowie dem Umstand, daß beim Leasing die Liquidität des Leasingnehmers geschont wird, da dieser die Investition aus dem laufenden Ertrag finanzieren kann ("pay as you earn"),[177] spielen vor allem **steuerliche Vorteile** beim Leasing eine erhebliche Rolle. Da der Leasingnehmer kein Eigentum am Leasinggut erwirbt, braucht er dieses nicht in seiner Bilanz zu aktivieren, zudem kann er die Leasingraten als Betriebsausgaben absetzen und so seinen steuerlichen Gewinn verkleinern.[178] Die steuerlichen Vorteile werden ihm allerdings nur dann zugebilligt, wenn das Leasinggut dem Leasiggeber zugerechnet wird, dieser also das Wirtschaftsgut bilanzieren muß.[179] Diese Zuordnung erfolgt anhand der vom Bundesminister der Finanzen in den Leasing-Erlassen aufgestellten Grundsätze, im Falle des EDV-Leasing anhand des "Mobilien-Leasing-Erlasses" vom 19. April 1971.[180] Die Anwendung dieses Erlasses ist jedoch auf "bewegliche Wirtschaftsgüter" beschränkt,[181] wobei "beweglich" sowohl als Gegenbegriff zu "unbeweglich" als auch zu "immateriell" zu verstehen ist.[182] Berücksichtigt man, daß der *BFH* Individual- und Standardsoftware bereits 1979[183] als immaterielle Wirtschaftsgüter eingeordnet und diese Auffassung 1987[184] ausdrücklich bestätigt hat, so wird deutlich,

---

[174] Zum Begriff des Vertragszwecks vgl. nur Soergel-*Stein* § 9 AGBG Rn.44.

[175] Vgl. hierzu die oben 2 a bb erwähnten Nachweise der Rspr.

[176] Vgl. dazu *Dietz* AcP 190 (1990) 235ff.; *Zöller* in Runge/Bremser/Zöller S.81ff. Eine Gegenüberstellung der Vor- und Nachteile von Leasing und Kreditkauf gibt *Mellwig* DB 1983, 2261ff.

[177] Vgl. *Larenz* SchuldR II § 63 II = S.451; *Ebenroth* JuS 1985, 425.

[178] Vgl. MünchKomm-*Voelskow* Vor. § 535 Rn.47.

[179] Vgl. *Tiedtke* § 15 II 3 g = S.249.; *Junker* WM 1988, 1217, 1221.

[180] BStBl.1971 I S.264 = BB 1971, 506.

[181] Siehe I. des Erlasses.

[182] Vgl. BFH vom 22.5.1979, BStBl.1979 II, S.634, 635; *Feldhahn* DStR 1985, 336, 337; *von Westphalen* Leasingvertrag, Rn.476; *Junker* WM 1988, 1217, 1221.

[183] BFH vom 5.10.1979, BFHE 129, 110, 111.

[184] BFH vom 3.7.1987, BFHE 150, 259 sowie 150, 490, 491; vgl. zuletzt auch BFH vom 10.8.1989, NJW 1990, 408. Die teilweise hiervon abweichende Auffassung in der Entscheidung vom 3.12.1982, BFHE 138, 126 hat der BFH in seinen Urteilen vom 3.7.1987 ausdrücklich aufgegeben. Zur Entwicklung der Rechtsprechung des BFH vgl. auch *König* CR 1990, 106ff.

daß der erstrebte steuerliche Effekt, der nur bei "erlaßkonformem" Leasing zugebilligt wird,[185] beim Software-Leasing ausbleibt.[186]

Dieses sowohl für den Anwender (aus steuerlichen Gründen) als auch die Leasinggesellschaften (aus geschäftspolitischen Gründen) unerwünschte Ergebnis hat zu zwei unterschiedlichen Reaktionen geführt. Die erste Reaktion bestand darin, nur noch über die Hardware einen Leasingvertrag abzuschließen und die Software direkt vom Lieferanten zu beziehen. Rechtlich liegen in diesem Fall zwei Verträge mit unterschiedlichen Vertragspartnern vor: zum einen ein Leasingvertrag über die Hardware zwischen Anwender und Leasinggeber, zum anderen ein Softwareüberlassungsvertrag zwischen Anwender und Lieferant.

Erheblich problematischer ist der in der EDV-Branche häufig praktizierte zweite Weg.[187] Nachdem der Anwender sich für eine bestimmte Hard- und Softwarekonfiguration entschieden hat (Beispiel: Hardware für 10.000 DM, Software für 5.000 DM), schließt er mit dem Leasinggeber einen Leasingvertrag. In diesem Vertrag wird nur die Hardware zu einem Anschaffungspreis ausgewiesen, der genau dem ursprünglich zwischen Anwender und Lieferant für Hard- und Software vereinbarten Gesamtpreis entspricht (im Beispielsfall: "Anschaffungspreis der Hardware 15.000 DM").[188] Die Software erhält der Anwender, ohne daß dies schriftlich fixiert wird, "kostenlos".

Ob hier ein *einheitlicher (Leasing-)Vertrag über Hard- und Software* geschlossen ist, richtet sich nach den zwischen Leasinggeber und Anwender getroffenen Vereinbarungen: Sind beide Parteien von einer Einbeziehung ausgegangen, handelt es sich bei dem schriftlich niedergelegten Leasingvertrag um ein Scheingeschäft, das gemäß § 117 Abs.1 BGB nichtig ist; aufgrund des in § 117 Abs.2 BGB zum Ausdruck kommenden Rechtsgedankens[189] ist dann von einem gültigen Leasingvertrag über Hard- *und*

---

[185] Vgl. MünchKomm-*Voelskow* Vor. § 535 Rn.47; *Emmerich* JuS 1990, 1, 2.

[186] S. hierzu auch *J.Schneider* Praxis B 207; a.A. aber *Heussen* in Kilian/Heussen Kap.46 Rn.24.

[187] Paradigmatisch ist hier der Sachverhalt, der der Entscheidung des BGH vom 20.6.1984, WM 1984, 1089f. zugrundelag.

[188] Auf diese "Gestaltungsmöglichkeit" weist *Jochen Schneider* in ÖVD/Online 1/1989, S.44, 45 hin.

[189] Vgl. dazu MünchKomm-*Kramer* § 117 Rn.19.

§ 5 Die Überlassung im Rahmen eines einheitlichen Vertrags

Software auszugehen.[190] Fehlt eine Vereinbarung zwischen Leasinggeber und Anwender, kann von einer Einbeziehung der Software in den Leasingvertrag nur dann ausgegangen werden, wenn Anwender und Lieferant *als Stellvertreter des Leasinggebers* eine derartige Vereinbarung getroffen haben *und* der Lieferant zur Abgabe der Erklärung *bevollmächtigt* war. Gerade dies ist aber in der Regel zu verneinen. Zwar hat der Lieferant im Bereich des absatzfördernden Finanzierungsleasing[191] oft Vertragsformulare des Leasinggebers vorrätig[192] und führt zugleich Vorverhandlungen über den Abschluß des Leasingvertrags.[193] Darüber hinausgehende Vollmachten zur Abgabe verpflichtender Erklärungen sind jedoch als Ausnahme anzusehen.[194] Und selbst wenn – was je nach Einzelfall zu entscheiden ist – der Lieferant Vollmacht zum Abschluß eines Leasingvertrags besitzen sollte, so ist doch äußerst fraglich, ob diese Vollmacht zugleich den Abschluß derartiger Scheingeschäfte mitumfaßt. Als Ergebnis ist daher festzuhalten, daß im Regelfall zwischen Anwender und Lieferant getroffene Vereinbarungen über eine Vertragseinheit, die im Leasingvertrag nicht ausdrücklich niedergelegt sind, auch nicht Bestandteil des Vertrags geworden sind; ein Leasingvertrag, der nur die Hardware aufführt, also auch nur über diese abgeschlossen wurde.

Das hieraus resultierende Folgeproblem, ob das Verhalten des Lieferanten unter Umständen eine Schadensersatzpflicht des Leasinggebers auslöst – was nur bejaht werden kann, wenn der Lieferant als Erfüllungsgehilfe (§ 278 BGB) des Leasinggebers anzusehen ist – soll später[195] Gegenstand der Erörterungen sein.

---

[190] Zur steuerlichen Behandlung derartiger Scheingeschäfte vgl. § 41 Abs.2 S.2 AO sowie BGH vom 10.1.1980, WM 1980, 380.

[191] Zu den verschiedenen Arten des Leasing vgl. *Canaris* Bankvertragsrecht Rn.1713, 1725 und *ders.* AcP 190 (1990) 410, 415, der zwischen Händler- bzw. Herstellerleasing einerseits und reinem und absatzförderndem Finanzierungsleasing andererseits unterscheidet. Die Terminologie ist in diesem Bereich jedoch nicht einheitlich; siehe etwa MünchKomm-*Voelskow* Vor § 535 Rn.51; BGH vom 3.7.1985, BGHZ 95, 170, 179f.

[192] Vgl. *Emmerich* JuS 1990, 1, 2 und Palandt-*Putzo* Einf.v. § 535 Anm.4 f aa.

[193] Vgl. dazu BGH vom 3.7.1985, BGHZ 95, 170ff.

[194] Vgl. *Emmerich* JuS 1990, 1, 4; *ders.* WuB I J 2. - 1.89, S.33; beispielhaft hierzu BGH vom 3.7.1985, BGHZ 95, 170, 173f. sowie BGH vom 28.9.1988, NJW 1989, 287, 288.

[195] Siehe unten § 8 III 2 a.

III. Rechtsfolgen eines einheitlichen Vertrags

1. Teilweise Lieferung

a) Nicht selten verzögert sich die Lieferung eines Teils der im Rahmen eines einheitlichen Vertrags geschuldeten DV-Anlage oder unterbleibt vollständig. Zumeist handelt es sich dabei um **einzelne Programmteile** oder sogar um die gesamte (Betriebssystem- bzw. Anwendungs-) **Software**.

aa) Hier besteht hinsichtlich der ausstehenden Teilleistung weiterhin ein Erfüllungsanspruch, es handelt sich nicht um eine Schlechtleistung.[196]

bb) Zudem kann der Anwender die Einrede des nicht erfüllten Vertrags gemäß § 320 Abs.1 BGB erheben und die *gesamte* Gegenleistung bis zur Erbringung des noch offenen Restes verweigern.[197] Da die Ausübung des Einrederechts nach § 320 BGB den Geboten von Treu und Glauben (§ 242 BGB) unterliegt,[198] gilt dies gemäß § 320 Abs.2 BGB allerdings dann nicht, falls es sich bei der ausstehenden Leistung nur noch um einen verhältnismäßig geringfügigen Teil handelt, beispielsweise lediglich ein "Utility" fehlt, dessen einzige Aufgabe eine komfortablere Bedienung der Anlage ist.[199] Der Anwender kann die gesamte Gegenleistung ferner dann nicht zurückhalten, falls er die Teilleistung als Teilerfüllung akzeptiert hat[200] - was jedoch bei einem einheitlichen Vertrag die Ausnahme sein dürfte - oder die Parteien zuvor Teilleistungen und nach Lieferumfang gestaffelte Fälligkeitsregelungen hinsichtlich des zu zahlenden Entgelts vereinbart haben,[201] also eine von der Vorschrift des § 320 BGB abweichende Individualvereinbarung getroffen wurde.[202]

cc) Will der Anwender aufgrund Teilverzugs vom ganzen Vertrag zurücktreten oder Schadensersatz wegen Nichterfüllung der gesamten Verbindlichkeit geltend machen, kann er dies nach Fristsetzung mit Ablehnungs-

---

[196] Vgl. BGH vom 1.7.1987, NJW 1988, 204; BGH vom 27.4.1988, NJW 1988, 2465, 2467.

[197] Vgl. BGH vom 13.7.1970, BGHZ 54, 244, 249; MünchKomm-*Emmerich* § 320 Rn.38; Palandt-*Heinrichs* § 320 Anm.2 d bb.

[198] Vgl. dazu MünchKomm-*Emmerich* § 320 Rn.36.

[199] Ob die ausstehende Leistung als geringfügig zu bewerten ist, beurteilt sich nach der Bedeutung des fehlenden Teils für den Betrieb der Anlage, nicht jedoch nach dem Wertverhältnis zwischen ausstehender Leistung und Gesamtleistung; vgl. hierzu auch OLG Hamm vom 14.2.1990, CR 1990, 520, 521 zur Parallelproblematik bei § 542 BGB.

[200] Vgl. MünchKomm-*Emmerich* § 320 Rn.37.

[201] Dies war der Fall in BGH vom 23.3.1983, NJW 1983, 1903; vgl. dazu auch oben II 2 c bb.

[202] § 320 BGB ist dispositives Recht, vgl. dazu MünchKomm-*Emmerich* § 320 Rn.41-43.

androhung gemäß §§ 326 Abs.1 S.3, 325 Abs.1 S.2, 280 Abs.2 BGB im Falle einer technischen Einheit ohne weiteres,[203] im Falle einer rechtlichen Einheit unter der zusätzlichen Voraussetzung, daß er an der teilweisen Erfüllung kein Interesse mehr hat.[204] Für den Interessewegfall nach diesen Vorschriften[205] ist entscheidend, ob der Anwender nach seinen Verhältnissen bei objektiver Beurteilung[206] kein Interesse mehr daran hat, die schon empfangene Teilleistung für eine entsprechend geminderte Gegenleistung zu erkaufen,[207] etwa weil der konkrete Vertragszweck mit der Teilerfüllung nicht verwirklicht werden kann[208] oder es für den Anwender günstiger ist, im ganzen neu abzuschließen.[209] Ein Interessewegfall ist daher im Falle einer Vertragsinhalt gewordenen Lösung einer Datenverarbeitungsaufgabe, die nur durch Lieferung der vereinbarten Hard- *und* Software realisiert werden kann, oder bei unterbliebener Lieferung von Software, auf die ein Preisnachlaß[210] gewährt wurde und die anderweitig nur zu erheblich höherem Preis bezogen werden könnte, zu bejahen. Ist dagegen in Funktionsumfang und Preis vergleichbare kompatible Software problemlos anderweitig zu beziehen, ist ein Interessewegfall zu verneinen.[211]

---

[203] Ebenso BGH vom 7.3.1990, NJW 1990, 3011, 3012. Nach der hier vertretenen Auffassung folgt dies aus dem Umstand, daß bei einer technische Einheit Hard- und Software derart aufeinander abgestimmt sind, daß sie ausschließlich in der konkreten Verbindung miteinander benutzbar sind, s. dazu oben II 1 c b.

[204] A.A. aber BGH vom 7.3.1990, NJW 1990, 3011, 3012f., der im Falle einer Vertragseinheit ein Gesamtrücktrittsrecht ohne weitere Voraussetzungen zuläßt (III.1.b. der Entscheidungsgründe) und nur für den Fall der *Verneinung* einer Vertragseinheit die Frage eines Interessewegfalls "in erweiterter Auslegung" des § 325 BGB erörtert (III.2. der Entscheidungsgründe). Dieser Ansatz läßt sich jedoch nicht mit dem Grundgedanken der §§ 326 Abs.1 S.3, 325 Abs.1 S.2 BGB vereinen, die gerade den - hier zu beurteilenden - Fall im Auge haben, daß bei *einem* Vertrag, der mehrere Leistungsteile enthält, *eine Teilleistung* gestört ist und für diesen Fall das Schicksal der übrigen Leistung vom Interesse des Gläubigers an der verbleibenden Leistung abhängig machen.

[205] Der Interessewegfall nach den im Text angeführten Vorschriften ist von dem Interessewegfall nach § 542 Abs.1 S.3 BGB zu unterscheiden, weil es im Rahmen des § 542 BGB nicht um die Frage geht, ob der Mieter sich mit einer nur teilweisen Überlassung des Mietgegenstands begnügen muß; vgl. BGH vom 7.3.1990, NJW 1990, 3011, 3013.

[206] Vgl. BGH vom 7.3.1990, NJW 1990, 3011, 3013.

[207] Vgl. MünchKomm-*Emmerich* § 326 Rn.77.

[208] Vgl. BGH vom 18.1.1973, LM Nr.3 zu § 636 BGB (fehlende Teile einer maschinellen Anlage); Soergel-*Wiedemann* § 326 Rn.82.

[209] Vgl. Palandt-*Heinrichs* § 325 Anm.6 b.

[210] Zur Bedeutung von Preisnachlässen für die Annahme einer Vertragseinheit vgl. oben II 2 c bb.

[211] Vgl. hierzu auch *Mehrings* CR 1986, 269, 270, der bei der Erörterung des Interessewegfalls ebenso auf die Kompatibilität abstellt. - Zur Nichtlieferung eines Betriebssystems vgl. aber LG Aachen vom 2.7.1986, CR 1988, 216ff. Dort wurde ein Interessewegfall mit der

Haben die Parteien die werkvertragsrechtlich zu qualifizierende Erstellung von Individualsoftware vereinbart und wird die Software nicht rechtzeitig erstellt, steht dem Anwender unabhängig davon, ob der Hersteller dies zu vertreten hat,[212] ein Rücktrittsrecht bezüglich der Software gemäß § 636 Abs.1 S.1 BGB zu. Ob dieses Rücktrittsrecht ebenfalls die Hardware mitumfaßt, ist entsprechend den soeben angeführten Grundsätzen zu beurteilen.[213] Bei Verzug des Herstellers bleiben die daraus resultierenden Rechte des Anwenders von dem Rücktrittsrecht nach § 636 Abs.1 S.1 BGB unberührt, § 636 Abs.1 S.2 BGB.

b) Werden Hard- oder Software ohne **Begleitmaterial** überlassen, ist zunächst zu fragen, ob die Lieferung des Begleitmaterials überhaupt Bestandteil der vertraglich geschuldeten Leistung geworden ist. Unzweifelhaft ist das dann, wenn das Material im Vertragstext gesondert aufgeführt ist. Zweifel ergeben sich hingegen, wenn dies nicht der Fall ist.

Zu diesem Problem hat der *BGH* in einer Entscheidung vom 5.7.1989[214] ausgeführt, auch ohne besondere Erwähnung im Vertragstext sei das *Hardware*-Handbuch wesentlicher Bestandteil der geschuldeten Leistung.[215] Nach seiner Auffassung vermitteln Handbücher "die Summe aller Kenntnisse, die erforderlich sind, um die Anlage bedienungsfehlerfrei und zur Verwirklichung des mit ihrer Anschaffung vertraglich vorgesehenen Zwecks nutzen zu können. Sie ergänzen und konservieren schon vorhandenes Wissen des Benutzers über den Gebrauch der Anlage und verleihen der dem Lieferer obliegenden Einweisung in die Gerätehandhabung Dauer".[216] Diesen Ausführungen des *BGH* ist zuzustimmen. Erst die in den Handbüchern enthaltenen technischen Informationen versetzen den Anwender in die Lage, die einzelnen Bestandteile der Hardware miteinander zu kombinieren

---

"wichtigen Funktion des Betriebssystems innerhalb einer Computeranlage" begründet, die Frage einer kompatiblen Betriebssystemsoftware allerdings (zu Unrecht) nicht erörtert; kritisch hierzu bereits *Pötzsch* CR 1989, 1063, 1065.

[212] Vgl. MünchKomm-*Soergel* § 636 Rn.11.

[213] §§ 326 Abs.1 S.3, 325 Abs.1 S.2 sind entsprechend auf das Rücktrittsrecht nach § 636 Abs.1 S.1 anzuwenden, vgl. BGH vom 18.1.1973, LM Nr.3 zu § 636 BGB.

[214] NJW 1989, 3222ff.

[215] NJW 1989, 3222, 3223. Im konkreten Fall bestand die Hardware aus einem PC und einem Drucker.

[216] NJW 1989, 3222, 3223.

und sinnvoll zu nutzen.[217] Gerade im PC-Bereich ergänzt das Handbuch vielfach nicht nur eine Einweisung des Lieferanten in die Handhabung, sondern ersetzt diese in vollem Umfang. Die gewichtige Bedeutung der Hardware-Handbücher, die sowohl den Lieferanten als auch den Anwendern bekannt ist, rechtfertigt es, diese auch ohne besondere Erwähnung im Vertrag als Bestandteil der geschuldeten Leistung anzusehen. Die gleichen Erwägungen gelten grundsätzlich im Hinblick auf das Begleitmaterial von *Software* (Benutzungs- und Bedienerhandbuch). Hier sind allerdings im Bereich der Standardanwendungssoftware mit dem Vordringen "selbsterklärender" Software, bei der der Anwender auf dem Bildschirm durch das Programm Hinweise auf Fehlbedienungen erhält, in Zukunft Fälle denkbar, bei denen die Überlassung von Begleitmaterial unter Umständen überflüssig werden kann.

In der Entscheidung vom 5.7.1989 hat der *BGH* darüber hinaus die Pflicht zur Überlassung eines Hardware-Handbuchs als *Hauptleistungspflicht* eingeordnet und als Begründung ebenfalls auf die Bedeutung des Handbuchs für die Benutzbarkeit der Anlage verwiesen.[218] In der Tat ist nach dem Parteiwillen die Überlassung des Handbuchs regelmäßig für die Durchführung des Vertrags von wesentlicher Bedeutung, so daß das maßgebliche Kriterium einer Hauptleistungspflicht erfüllt ist.[219] Überraschenderweise hat der *BGH* dann jedoch ausdrücklich offengelassen, ob die unterbliebene Lieferung des Handbuchs als Mangel[220] oder als teilweise Nichterfüllung zu gelten habe.[221] Konsequent dürfte hier sein, die Nichterbringung einer Hauptleistungspflicht als teilweise Nichterfüllung der vertraglichen Pflichten anzusehen, so daß bei Nichtlieferung von Begleitmaterial die Ausführungen oben a aa bis cc entsprechend gelten.

---

[217] Beispielhaft sei hier die Druckeranpassung mit Hilfe der "DIP-Schalter" erwähnt, deren Bedeutung ohne die im Drucker-Handbuch enthaltenen Informationen dem Anwender verborgen bleibt.

[218] NJW 1989, 3222, 3223; ebenso schon AG Essen vom 26.10.1987, CR 1988, 309, 310. Die Überlassung des Begleitmaterials der Software ordnen als Hauptpflicht ein OLG Saarbrücken vom 30.4.1986, CR 1988, 470, 472; OLG Hamm vom 5.10.1984, CR 1986, 268f.; LG Mannheim vom 8.10.1984, BB 1985, 144; LG Baden-Baden vom 21.8.1987, CR 1988, 308f.

[219] Hierzu grundlegend RG vom 5.3.1921, RGZ 101, 429, 431; siehe auch Soergel-*Wiedemann* § 326 Rn.13 m.w.N. der Rspr. in Fn.11; Staudinger-*Otto* § 326 Rn.35; Palandt-*Heinrichs* § 326 Anm.3 b.

[220] So OLG Frankfurt vom 22.1.1985, CR 1986, 270, 271 sowie vom 10.3.1987, CR 1988, 294, 295f. In der letztgenannten Entscheidung unterschätzt das Gericht die Bedeutung des Handbuchs, dem es nur "nebensächliches Gewicht" beimißt. - Zusammenfassend zum Meinungsstand bis Ende 1988 *Jochen Schneider* CR 1989, 193ff.

2. Lieferung fehlerhafter Hard- oder Software

Ist die Hard- oder Softwareleistung mangelhaft,[222] stehen dem Anwender je nach Vertragsgestaltung ein Wandelungs-, Minderungs- oder aber Kündigungsrecht bezüglich des mit Mängeln behafteten Leistungsteils zu. Will der Anwender allerdings auch den mangelfreien Leistungsteil zurückgeben, um sich nach einer neuen "Gesamtlösung" umzusehen, so sind folgende Fallkonstellationen zu unterscheiden:

a) Der Grundfall: Überlassung von Hard- und Software im Rahmen eines Kaufvertrags

Sind Hard- und Software im Rahmen eines Kaufvertrags überlassen, etwa weil es sich im Hinblick auf die Software um eine dauernde Überlassung von Standardsoftware gegen einmaliges Entgelt handelt,[223] so beurteilt sich die Rechtslage - auch bei inhaltlichen Mängeln der Software - nach §§ 459ff. BGB.[224] Nach der hier vertretenen Konzeption ergibt sich dies be-

---

[221] NJW 1989, 3222, 3223f.

[222] Zur Frage, wann eine Software als mangelhaft anzusehen ist vgl. die eingehenden Darstellungen bei *Köhler* in Lehmann Rn.20ff.; *Bömer* S.148-178; *Junker* Computerrecht, Rn.398-467; *Gorny/Kilian* S.1ff; *Heussen/Seidel* S.78ff.

[223] Die vertragliche Einordnung der Überlassung von Software ist zum Teil umstritten. Im folgenden wird davon ausgegangen, daß sich die dauernde Überlassung von Software gegen einmaliges Entgelt bei Standardsoftware nach Kaufrecht (ebenso BGH vom 4.11.1987, BGHZ 102, 135, 141; BGH vom 18.10.1989, NJW 1990, 320, 321; BGH vom 7.3.1990, NJW 1990, 3011, 3012; *Köhler* in Lehmann Rn.14; *Junker* Computerrecht, Rn.352; *Bartl* CR 1985, 13, 14; *Engel* BB 1985, 1159, 1162; *Hoeren* CR 1988, 908, 915; *Dörner/Jersch* IuR 1988, 137, 142; *Mehrings* NJW 1986, 1904, 1905; *Hager* AcP 190 (1990) 325ff.; Soergel-*Huber* Vor § 433 Rn.81a; Münch-Komm-*Soergel* § 631 Rn.80; a.A. *Moritz/Tybusseck* Rn.353 [Lizenz/Know-how-Vertrag, der nach Pachtrecht zu beurteilen ist]; *Brandi-Dohrn* CR 1986, 63, 70; *Lauer* BB 1982, 1758, 1759; *Ruppelt* Überlassung S.33f. [Vertrag sui generis]; *zur Megede* NJW 1989, 2580, 2582ff.[Rechtspacht]; differenzierend *Heussen* GRUR 1987, 779ff.; *Koch* Rn.551); bei Individualsoftware nach Werkvertragsrecht (allg.Meinung, vgl. BGH vom 11.2.1971, WM 1971, 615; BGH vom 24.6.1986, CR 1986, 799, 800; BGH vom 7.3.1990, NJW 1990, 3011, 3012; *Köhler* in Lehmann Rn.76; *Bartl* BB 1988, 2122, 2124; *Junker* Computerrecht, Rn.315; *Engel* BB 1985, 1159, 1161; *Mehrings* NJW 1986, 1904, 1905; MünchKomm-*Soergel* § 631 Rn.80; *Köhler/Malzer* CR 1989, 462, 465) und die zeitweilige Überlassung von Software nach Pacht- bzw. Mietrecht beurteilt (ebenso *Köhler* in Lehmann Rn.57; *Junker* Computerrecht, Rn.353; *Mehrings* NJW 1986, 1904, 1905; *Brandi-Dohrn* CR 1986, 63, 70). Vgl. zu diesem Komplex auch die Zusammenfassung von *Dörner/Jersch* IuR 1988, 137ff. sowie *Junker* NJW 1990, 1575ff.

[224] Die Frage, ob bei Programmfehlern von Standardsoftware die Vorschriften der §§ 459ff.BGB unmittelbar oder zumindest analog anzuwenden sind, ist umstritten, wird aber von der h.M. bejaht; vgl. BGH vom 4.11.1987, BGHZ 102, 135, 144; BGH vom 24.1.1990, NJW 1990, 1290, 1291; *Köhler* in Lehmann Rn.16-18; *Junker* Computerrecht, Rn.406f.; *Engel* BB 1985, 1159, 1163; *Dörner/Jersch* IuR 1988, 137, 142ff.; *Hager* AcP 190 (1990) 325, 330; *Ruppelt* Überlassung S.43; MünchKomm-*Westermann* § 459 Rn.39; Palandt-*Putzo* § 459 Anm.5 d aa. Verneinend dagegen *Mehrings* NJW 1986, 1904, 1907; *Lesshaft/Ulmer* CR 1988, 813, 816ff.[Anwendung der §§ 633ff.BGB]; *Brandi-Dohrn* CR 1986, 63, 70 [Anwendung des all-

§ 5 Die Überlassung im Rahmen eines einheitlichen Vertrags 87

reits aus der Einordnung der Software als Sache im Sinne von § 90 BGB.[225] Doch auch wenn man dieser Einordnung nicht folgt, liegt zumindest eine analoge Anwendung der Sachmängelvorschriften außerordentlich nahe: gerade bei Standardsoftware tritt der "Warencharakter"[226] des massenhaft zur Verfügung gestellten Wissens in den Vordergrund, so daß - worauf *Köhler* hinweist - ein Unterschied zum Verkauf von Druckwerken praktisch nicht mehr zu erkennen ist.[227]

Im Bereich der §§ 459ff. BGB ist zunächst zu fragen, ob es sich um einen einheitlichen Kaufgegenstand oder aber um mehrere verkaufte Sachen handelt. Ersterenfalls ergibt sich ein Wandelungsrecht bezüglich Hard- *und* Software schon aus § 459 BGB,[228] im letzteren Fall bestimmen sich die Rechtsfolgen nach §§ 469ff. BGB.[229] Dabei sind die Vorschriften der §§ 469ff. BGB in besonders hohem Maße von der Einordnung des Vertragsgegenstands als Sache unabhängig, was ein Vergleich zum Werkvertragsrecht zeigt: § 634 Abs.4 BGB ordnet ihre Geltung auch bei Leistungsstörungen an, welche sich nicht nur auf Sachen, sondern auf einen jeden "durch Arbeit oder Dienstleistung herbeizuführenden Erfolg" (§ 631 Abs.2 BGB), d.h. auch auf die Herstellung geistiger Güter, beziehen.[230]

aa) Abgrenzung zwischen einem einheitlichen Kaufgegenstand und mehreren verkauften Sachen

Die Abgrenzung zwischen einem einheitlichen Kaufgegenstand und mehreren verkauften Sachen beurteilt sich nach den oben II 1 c entwickelten

---

gemeinen Leistungsstörungsrechts]). Für das hier zu erörternde Problem einer Einheit von Hard- und Software ist darauf hinzuweisen, daß die für eine einheitliche Behandlung von Hard- und Software maßgeblichen Normen der §§ 469ff.BGB sowohl im Kauf- als auch im Werkvertrags-, Miet- und Pachtrecht Anwendung finden (§§ 634 Abs.4, 543 S.1, 581 Abs.2.BGB), vgl. dazu auch im Text unten b.

[225] Vgl. dazu oben II 1 c aa.

[226] Vgl. *Köhler* in Lehmann Rn.17 a.E.; zustimmend *Bartl* BB 1988, 2122, 2123. *Kilian* CR 1986, 187, 193 weist darauf hin, daß "Standardsoftware ... wie ein materielles Gut vermarktet" werde.

[227] Vgl. *Köhler* in Lehmann Rn.17 a.E. Der BGH hat beim Verkauf eines Druckwerks, welches eine inhaltlich unrichtige Anleitung zum Erstellen von Nottestamenten enthielt, ebenfalls die §§ 459ff. BGB herangezogen, BGH vom 14.3.1973, NJW 1973, 843, 844ff.

[228] Vgl. BGH vom 4.11.1987, BGHZ 102, 135, 148f.; BGH vom 7.3.1990, NJW 1990, 3011, 3014; zum Grundsatz der Einheitlichkeit der Wandelung auch BGH vom 10.11.1971, NJW 1972, 155.

[229] Vgl. hierzu auch *Jersch* Jura 1988, 580, 583f. und *Hager* AcP 190 (1990) 325, 352.

[230] Diesem Gesichtspunkt wird von *Ruppelt* CR 1989, 109 nicht genügend Bedeutung beigemessen, wenn er die Anwendbarkeit des § 469 S.2 BGB allein davon abhängig macht, daß mehrere körperliche Sachen verkauft werden.

Kriterien einer *technischen Einheit* von Hard- und Software. Von einem einheitlichen Anschaffungsgegenstand ist danach auszugehen, wenn Hard- und Software nicht voneinander getrennt werden können, ohne daß der eine oder andere Teil zerstört oder in seinem Wesen verändert wird (§ 93 BGB). Die entscheidende Frage lautet hier: Sind Hard- und Software derart *aufeinander abgestimmt, daß sie ausschließlich in der konkreten Verbindung miteinander* benutzbar sind? Dies wird bei der Überlassung von Standardsoftware - nimmt man den Bereich der Betriebssystemsoftware einmal aus - regelmäßig verneint werden müssen, was auf die in diesem Marktsektor weit verbreitete Kompatibilität zurückzuführen ist.[231]

bb) Gesamtwandelungsrecht bei mehreren Sachen

Handelt es sich nach dem zuvor Gesagten um mehrere verkaufte Sachen, ist die Frage eines Gesamtwandelungsrechts anhand der Vorschriften der §§ 469ff. BGB zu entscheiden.

Stehen Hard- und Software im Verhältnis von **Haupt- und Nebensache** zueinander, ergeben sich die Rechtsfolgen aus § 470 BGB. Ist etwa die Software mangelhaft, erstreckt sich danach das Wandelungsrecht auch auf die mangelfreie Hardware, falls die Software als Hauptsache einzuordnen ist (§ 470 S.1 BGB). Ist die Software dagegen Nebensache, kann der Anwender lediglich hinsichtlich der Software wandeln, während er die Hardware behalten muß (§ 470 S.2 BGB). Beide Möglichkeiten sind denkbar; in der Regel wird sich das Verhältnis von Hard- und Software jedoch nicht als ein solches von Haupt- und Nebensache darstellen: Von einer Nebensache ist dann auszugehen, wenn sie ohne die Hauptsache nicht gekauft worden wäre, während umgekehrt die Hauptsache auch ohne die Nebensache erworben worden wäre.[232] Hier geht es den Parteien jedoch gerade um eine Gesamtlösung aus *beiden* Komponenten,[233] weshalb auch ein einheitlicher Vertrag geschlossen wurde; sowohl Hard- als auch Software

---

[231] Ausführlich hierzu oben II 1 c bb.

[232] Vgl. OLG Hamburg vom 28.11.1913, Recht 1914 Nr.334; Soergel-*Huber* § 470 Rn.3.; Staudinger-*Honsell* § 470 Rn.1.

[233] Vgl. hierzu auch OLG Hamburg vom 26.2.1935, HRR 1301 (Lieferung von Maschinen für eine Fabrikanlage): "Erst das Zusammenwirken aller Maschinen ergibt den Betrieb der Anlage, so daß die einzelnen Maschinen nicht in Haupt- und Nebensachen zergliedert werden können."

stellen sich nach dem Parteiwillen und dem Vertragszweck[234] als unabdingbare Teile eines Ganzen dar.[235]

In diesen Fällen findet § 469 BGB Anwendung.[236] Der Grundsatz der Einzelwandelung, den Satz 1 statuiert, wird in Satz 2 durchbrochen, falls dessen zwei Voraussetzungen erfüllt sind: Die Kaufgegenstände müssen "als zusammengehörend" verkauft worden sein und die mangelhafte Sache darf nicht ohne Nachteil von den übrigen Kaufgegenständen getrennt werden können.

(1) Das Merkmal der "Zusammengehörigkeit" enthält sowohl objektive als auch subjektive Elemente.[237] Das Schwergewicht liegt dabei nicht auf dem objektiven Element - einer Abstimmung[238] oder "objektiven Zusammengehörigkeit"[239] der einzelnen Gegenstände -, sondern auf der subjektiven Seite: entscheidend ist die "Absicht beider Vertragsschließenden",[240] d.h. der Parteiwille.[241] Beide Elemente werden vom *BGH* zusammengeführt, wenn er die Frage der Zusammengehörigkeit nach der "Absicht der Vertragsteile und dem Vertragszweck" beurteilt und eine Zusammengehörigkeit dann bejaht, wenn "die Parteien den Kauf mehrerer Sachen nur in ihrer durch einen bestimmten gemeinschaftlichen Zweck hergestellten Verbindung abschließen, so daß sie als dazu bestimmt erscheinen, zusammen-

---

[234] Die Einordnung als Haupt- und Nebensache beurteilt sich nach dem Parteiwillen und dem Vertragszweck, vgl. OLG Hamburg vom 28.11.1913, Recht 1914 Nr.334; Soergel-*Huber* § 470 Rn.3.; Palandt-*Putzo* § 470 Anm.1 a. Zum Teil wird zusätzlich auf die Verkehrssitte abgestellt, vgl. Staudinger-*Honsell* § 470 Rn.1.

[235] Im Ergebnis ebenso (wenngleich mit anderer Begründung) Moritz/Tybusseck Rn.63f.; (ohne Begründung) *Ruppelt* Überlassung S.98 Fn.49; *J.Schneider* Praxis D 165. Auch der BGH verneint in der Entscheidung vom 4.11.1987 (BGHZ 102, 135, 151f.) die Anwendbarkeit des § 470 BGB. Soweit das LG Bielefeld vom 16.10.1985 (IuR 1986, 76) dazu neigt, die Hardware deshalb als Nebensache einzuordnen, weil diese nur mit mangelfreier Software nutzbar sei, ist dem entgegenzuhalten, daß mit derselben Argumentation auch das entgegengesetzte Ergebnis begründet werden kann: die Software ist ebenfalls nur mit mangelfreier Hardware nutzbar.

[236] Vgl. Erman-*Weitnauer* § 469 Rn.1.

[237] Vgl. RG vom 17.5.1907, RGZ 66, 154, 156; BGH vom 28.1. 1970, DB 70, 341; Staudinger-*Honsell* § 469 Rn.3.

[238] Vgl. BGH vom 28.1.1970, DB 1970, 341.

[239] Vgl. RG vom 17.5.1907, RGZ 66, 154, 156.

[240] Vgl. RG vom 17.5.1907, RGZ 66, 154, 156.

[241] Unterstützt wird diese Auffassung durch eine Formulierung in Mot.II, S.235. Dort heißt es: "Rathsamer ist es, ... allgemein der Behandlung der Sachen als zusammengehörende durch die Vertragschließenden ... die entscheidende Bedeutung beizulegen."

zubleiben".[242] Betrachtet man diese den § 469 BGB betreffende Formulierung des *BGH* jedoch vor dem Hintergrund des Abschlusses eines *einheitlichen Vertrags*, wird man zu dem Ergebnis gelangen, daß - hat man erst einmal einen einheitlichen Vertrag bejaht - dies zugleich die Zusammengehörigkeit der verkauften Sachen i.S.d. § 469 S.2 BGB beinhaltet: Wenn die Parteien einen einheitlichen Vertrag und nicht zwei getrennte Verträge geschlossen haben, so war dies Ausdruck des Willens der Parteien, "den Kauf mehrerer Sachen nur in ihrer durch einen bestimmten gemeinschaftlichen Zweck hergestellten Verbindung abzuschließen, daß die Sachen als dazu bestimmt erscheinen, zusammenzubleiben". Dieses Ergebnis ist zugleich eine Konsequenz des Ausgangspunktes, der der Entwicklung der Kriterien einer Vertragseinheit zugrundelag: entscheidend für die Annahme einer Einheit war, daß nach den im Vertrag durchgesetzten Interessen die verschiedenen Leistungen als zusammengehörend, d.h. gerade in ihrer Verbindung miteinander geschuldet wurden.[243]

Ist der Zusammenhang zwischen der Annahme einer Vertragseinheit und der Zusammengehörigkeit i.S.d. § 469 S.2 BGB erst einmal deutlich geworden, erstaunt es nicht, daß der *BGH* in der Entscheidung vom 4.11.1987[244] bei der Prüfung eines Gesamtwandelungsrechts nach Bejahung eines einheitlichen Kaufvertrags[245] sich nicht mehr die Frage stellt, ob hier auch mehrere Sachen "als zusammengehörend" verkauft worden sind, sondern sich allein mit der Frage beschäftigt, ob im konkreten Fall nun "eine einheitliche Kaufsache oder mehrere 'als zusammengehörend' verkaufte Sachen" vorliegen,[246] für den Fall, daß es sich um mehrere Sachen handelt, also stillschweigend von deren Zusammengehörigkeit ausgeht.[247]

---

[242] So erstmals BGH vom 28.1.1970, DB 1970, 341; sodann BGH vom 21.1.1987, NJW 1987, 2435, 2437; BGH vom 25.1.1989, NJW-RR 1989, 559, 560 = LM Nr.3 zu § 469 BGB. Eine ähnliche Formulierung findet sich bereits in RG vom 17.5.1907, RGZ 66, 154, 156.

[243] Siehe dazu oben II 2 c bb.

[244] BGHZ 102, 135ff.

[245] Unter II.2.a. der Entscheidungsgründe.

[246] Unter II.2.b.aa. der Entscheidungsgründe; vgl. hierzu auch den 2. Leitsatz der Entscheidung.

[247] Soweit der BGH unter II.2.b.bb. der Entscheidungsgründe von einer "Verkehrsanschauung über die Zusammengehörigkeit von Hard- und Softwareprodukten" spricht, ist diese Formulierung äußerst mißverständlich. Aus den im unmittelbaren Zusammenhang angeführten Begriffen ("einheitlicher Anschaffungsgegenstand", "selbständiges Vertragsobjekt") sowie dem Aufbau des Urteils wird nämlich deutlich, daß der BGH hier die Abgrenzung zwischen einer einheitlichen Kaufsache und mehreren Sachen im Auge hatte, während die Frage der Zusammengehörigkeit ein Problem des § 469 S.2 BGB darstellt, der bereits von mehreren

§ 5 Die Überlassung im Rahmen eines einheitlichen Vertrags 91

Haben die Parteien einen einheitlichen Vertrag über Hard- und Software geschlossen, ist daher davon auszugehen, daß diese "als zusammengehörend" verkauft worden sind.[248]

(2) Zweite Voraussetzung eines Gesamtwandelungsrechts ist, daß die mangelhaften Sachen nicht ohne **Nachteil** von den übrigen getrennt werden können.

Ein Nachteil ist dann zu bejahen, falls die Trennung die Brauchbarkeit der Sachen derart beeinträchtigt, daß der Käufer mit dem mangelfreien Teil allein, der Verkäufer mit dem mangelhaften Teil allein nichts anfangen kann.[249] Die Besonderheit von Hard- und Software besteht jedoch gerade darin, daß eine getrennte Verwendung generell nicht möglich ist. Die Frage eines Trennungsnachteils muß deshalb sinnvollerweise an die Möglichkeit einer *Ersatzbeschaffung* anknüpfen. Ist eine solche unmöglich, liegt ein Trennungsnachteil in jedem Fall vor.[250] Gleiches muß aber auch bei "nicht unerheblichen Schwierigkeiten der Beschaffung eines passenden Ersatzes"[251] gelten, wobei die Formulierungen in der Literatur, welches Maß an Schwierigkeiten notwendig sei, vielfältig sind,[252] allerdings bei der Behandlung praktischer Fälle nicht weiterführen. Als konkrete Beispiele, in denen ein Nachteil zu bejahen ist, seien hier die Fälle genannt, in denen mit der Beschaffung ein deutlicher zeitlicher Mehraufwand - etwa aufgrund außergewöhnlich langer Lieferzeiten - verbunden ist oder die Ersatzsoftware nicht mit der ursprünglich nach dem Vertrag vorausgesetzten Software vergleichbar ist, was etwa dann der Fall sein wird, wenn sie einen höheren Be-

---

verkauften Sachen ausgeht. Die "Voraussetzungen des § 469 S.2 BGB" werden vom BGH jedoch erst im Anschluß unter II.2.c. der Entscheidungsgründe aufgegriffen, wo die Zusammengehörigkeit als so selbstverständlich erachtet wird, daß der BGH diese mit keinem Wort mehr erwähnt.

[248] In einigen Urteilen (vgl. etwa OLG Hamm vom 9.5.1988, CR 1989, 490; OLG München vom 20.9.1985; CR 1987, 506) werden die Voraussetzungen des § 469 BGB erörtert, ohne daß zuvor die Prüfung einer Vertragseinheit vorausgegangen ist. Dies wirft die Frage auf, ob § 469 BGB eine Vertragseinheit voraussetzt oder ob unter Umständen auch bei zwei getrennten Verträgen ein Gesamtwandelungsrecht nach § 469 BGB in Betracht zu ziehen ist, vgl. dazu unten § 6 II 2.

[249] Vgl. Staudinger-*Honsell* § 469 Rn.4; *Köhler* in Lehmann Rn.115.

[250] Ebenso *Mehrings* NJW 1988, 2438, 2441. Freilich ist in diesem Fall zu fragen, ob Hard- und Software nicht bereits einen einheitlichen Anschaffungsgegenstand darstellen.

[251] Vgl. BGH vom 4.11.1987, BGHZ 102, 135, 151; BGH vom 7.3.1990, NJW 1990, 3011, 3013 ("beachtliche Schwierigkeiten").

[252] Vgl. hierzu die Übersicht bei *Mehrings* NJW 1988, 2438, 2441.

dienungsaufwand oder erhebliche Änderungen der betrieblichen Datenverarbeitungsgegebenheiten erfordert.[253]

Sieht man in § 469 S.2 BGB eine Ausprägung des allgemeinen Rechtsgedankens, daß beide Parteien, auch wenn nur ein Teil der mehreren Sachen mangelhaft ist, gleichwohl eine Gesamtwandelung verlangen können, wenn die Beschränkung der Wandelung auf die mangelhaften Sachen einer Partei nach Treu und Glauben nicht zuzumuten ist,[254] so wird man auch *Nachteile finanzieller Art* berücksichtigen müssen. Dies ist in den Fällen, in denen der Gesamtwert die Summe der Teilwerte übersteigt, anerkannt,[255] muß jedoch auch gelten, falls beim Erwerb von Hard- und Software ein erheblicher Preisnachlaß[256] gewährt wurde: hier verliert der Anwender, wenn er anderweitig für den mangelhaften Leistungsteil Ersatz bezieht, den Vorteil des aufgrund des kombinierten Erwerbs gewährten günstigeren Gesamtpreises. Liegen so die Gesamtkosten für Hard- und Software wesentlich über den im ursprünglichen Vertrag veranschlagten Kosten, ist ebenfalls von einem Trennungsnachteil auszugehen.[257] Dem Verkäufer wird man in diesem Fall allerdings nach Treu und Glauben das Recht zubilligen müssen, eine Gesamtwandelung durch Zahlung des Dif-

---

[253] Vgl. *Mehrings* NJW 1988, 2438, 2441; weitere Beispiele bei *Ruppelt* Überlassung S.100f. Zur Frage der Kompatibilität s. ferner *Heussen* in Kilian/Heussen Kap.24 Rn.20ff., der zwischen technischer, wirtschaftlicher und organisatorischer Kompatibilität unterscheidet. - Bemerkenswert ist in diesem Zusammenhang eine Entscheidung des OLG Hamm vom 9.5.1988, CR 1989, 490ff. Dort war ein Drucker mit fehlerhaftem Papier (Trägerbandsätzen) geliefert worden, beide Parteien waren jedoch bis zur Beweisaufnahme davon ausgegangen, daß der Drucker mangelhaft sei. Das OLG Hamm bejahte hier einen Nachteil i.S.d. § 469 S.2 BGB und hielt eine Rückabwicklung des Kaufvertrags hinsichtlich des Druckers für möglich. Diese Lösung überzeugt deshalb nicht, weil Drucker und Papier im Verhältnis von Haupt- und Nebensache zueinander stehen und eine Wandelung hinsichtlich des Druckers wegen § 470 S.2 BGB nicht in Betracht kommt. Der Umstand, daß die Verkäuferin als Fachunternehmen nicht in der Lage war, die Fehlerquelle zu entdecken, ist dabei als Aufklärungspflichtverletzung im Rahmen einer pFV zu berücksichtigen und führt zu einem Schadensersatzanspruch auf Erstattung der Prozeßkosten.

[254] So BGH vom 5.5.1953, LM Nr.1 zu § 469 BGB; RGRK-*Mezger* § 469 Rn.3.

[255] Vgl. RG vom 17.5.1907, RGZ 66, 154, 156f.; MünchKomm-*Westermann* § 469 Rn.4; Staudinger-*Honsell* § 469 Rn.4; Soergel-*Huber* § 469 Rn.4.

[256] Vgl. hierzu bereits oben II 2 c bb und III 1 a cc.

[257] Vgl. *Köhler* in Lehmann Rn.115 a.E.; *Mehrings* NJW 1988, 2438, 2441.; BGH vom 7.3.1990, NJW 1990, 3011, 3013.

§ 5 Die Überlassung im Rahmen eines einheitlichen Vertrags

ferenzbetrags abzuwenden,[258] da ein Nachteil für den Käufer dann nicht mehr ersichtlich ist.[259]

In diesem Zusammenhang ist auf eine Parallelität zwischen dem Nachteilsbegriff des § 469 S.2 BGB und dem Interessewegfall im Rahmen des § 325 Abs.1 S.2 BGB[260] hinzuweisen: Der Interessewegfall im Rahmen des § 325 BGB wird in der Regel dann zu bejahen sein, wenn die verkauften Gegenstände nicht ohne Nachteil voneinander getrennt werden können.[261]

b) Übertragung der Grundsätze auf andere Vertragsgestaltungen

Die oben a angeführten Grundsätze lassen sich problemlos auf andere Vertragsgestaltungen übertragen. Werden Hard- und Software etwa im Rahmen eines einheitlichen *Werkvertrags* erstellt und überlassen,[262] finden die Vorschriften der §§ 469ff. BGB über die Verweisungsnorm des § 634 Abs.4 BGB Anwendung. Sind Hard- und Software als zwei unterschiedliche Anschaffungsgegenstände anzusehen, kann bei fehlerhafter Softwareerstellung daher die mangelfreie Hardware wiederum nur unter den Voraussetzungen der §§ 469ff. BGB zurückgegeben werden. Wenn beide Komponenten *auf Zeit* überlassen werden, treten bei Mängeln an die Stelle des Wandelungsrechts die Rechte aus §§ 537f. BGB sowie das Kündigungsrecht des § 542 BGB, da der "vertragsgemäße Gebrauch" i.S.d. § 542 Abs.1 S.1 BGB auch dann vorenthalten wird, wenn der Mietgegenstand aufgrund eines Mangels fehlerhaft ist.[263] Auf das Kündigungsrecht finden ebenfalls die

---

[258] Unter Umständen kann dies für den Verkäufer günstiger sein als eine Gesamtwandelung.

[259] Vgl. hierzu auch *Heussen* in Kilian/Heussen Kap.24 Rn.24, der diesen Gesichtspunkt allerdings im Rahmen der Kompatibilität erörtert.

[260] Vgl. dazu oben 1 a cc.

[261] So bereits *Pötzsch* CR 1989, 1063, 1068; vgl. auch *Zahrnt* IuR 1986, 59, 60; ebenso nunmehr auch BGH vom 7.3.1990, NJW 1990, 3011, 3013. - *Köhler* in Lehmann Rn.120 verweist bei der Bestimmung des Interessewegfalls nach § 325 BGB auf die "zu § 469 S.2 BGB entwickelten Abgrenzungen", was insofern ungenau ist, als diese Vorschrift an zwei Voraussetzungen (Zusammengehörigkeit und Trennungsnachteil) anknüpft, die Frage der Zusammengehörigkeit allerdings sachlich dem Problem der Vertragseinheit zuzuordnen ist; s. hierzu auch oben im Text unter (1).

[262] Nach ganz h.M. ist die Erstellung von Individualsoftware nach Werkvertragsrecht zu beurteilen; vgl. die Nachweise oben in Fn.223.

[263] Vgl. BGH vom 18.9.1974, LM Nr.6 zu § 542 BGB; RGRK-*Gelhaar* § 542 Rn.20; Palandt-*Putzo* § 542 Anm.2 a.

Vorschriften der §§ 469 bis 471 BGB entsprechende Anwendung, § 543 S.1 BGB.[264]

Aus der offenkundigen Parallelität der Regelungen im Kauf-, Werk- und Miet- bzw. Pachtrecht[265] läßt sich jedoch ableiten, daß der Gesetzgeber unabhängig von der konkreten schuldrechtlichen Gestaltung die Behandlung fehlerhafter Teilleistungen in jedem Fall entsprechend den in §§ 469ff. BGB niedergelegten Grundsätzen regeln wollte. Dies hat Bedeutung für die Behandlung typengemischter Verträge, deren Teilleistungen verschiedenen Vertragstypen entstammen: So kann es nämlich bezüglich der Auswirkungen auf die mangelfreien Teilleistungen keinen Unterschied machen, ob etwa im Rahmen eines einheitlichen Kaufvertrags von zwei dem Kaufrecht zuzuordnenden Teilleistungen die eine fehlerhaft ist oder ob dies bei einem Typenkombinationsvertrag, bei dem ein Teil dem Kaufrecht, der andere Teil aber dem Werkvertragsrecht zuzuordnen ist, der Fall ist; *die Behandlung der mangelfreien Leistung folgt stets den §§ 469ff. BGB.*[266]

Mit Hilfe dieser Überlegung lassen sich die noch möglichen Kombinationen zwanglos lösen, was an Hand von drei Beispielen gezeigt werden soll: Wird die Hardware im Rahmen eines Kaufvertrags überlassen, die Software werkvertraglich erstellt und handelt es sich um einen einheitlichen Vertrag, so kann bei fehlerhafter Softwareerstellung der Werkvertrag unter den Voraussetzungen des § 634 BGB gewandelt werden; ob die Wandelung auch die mangelfreie Hardware umfaßt, ist entsprechend §§ 469ff. BGB zu beurteilen. Wird die Software dagegen vermietet bei sonst gleichbleibenden Voraussetzungen, kann der Softwarevertrag bei Mängeln gemäß § 542 Abs.1 S.1 BGB gekündigt werden, während das Schicksal der Hardware sich wiederum nach den §§ 469ff BGB beurteilt.[267] Wird die Software verkauft, die Hardware dagegen vermietet, kann der Vertrag die Software betreffend gemäß § 459ff. BGB gewandelt werden; ein Kündigungsrecht bezüglich der Hardware besteht unter den Voraussetzungen der §§ 542, 543 S.1, 469ff. BGB.

Einer Aussage wie derjenigen, daß bei Typenkombinationsverträgen "Wandelung im Bereich eines Typus Gesamtwandelung auch für den ande-

---

[264] Diese Vorschrift wird von *Jersch* (Jura 1988, 580, 585) übersehen, der § 469 BGB nur bei "verbundenen Hard- und Softwareverträgen, in denen *auf Dauer* (Hervorhebung des Verf.) überlassen wird," anwenden will.

[265] § 581 Abs.2 BGB verweist auf die Vorschriften der Miete.

[266] So bereits *Pötzsch* CR 1989, 1063, 1068; dem folgend *Ruppelt* Überlassung S.101.

ren Typus (ist), wenn die Leistung infolge des Mangels in einem Bereich kein Interesse mehr für den Abnehmer hat"[268] ist also dann zuzustimmen, wenn man den Interessefortfall mit dem Nachteilsbegriff des § 469 S.2 BGB gleichstellt[269] und davon ausgeht, daß eine Vertragseinheit zugleich eine Zusammengehörigkeit der verkauften Sachen im Sinne von § 469 S.2 BGB beinhaltet.[270]

3. Sonstige Vertragsverletzungen

a) Haben die Parteien einen einheitlichen Vertrag geschlossen, berechtigen *schwerwiegende Vertragsverletzungen* seitens einer Partei bezüglich einzelner Verpflichtungen den anderen Teil wahlweise zum Rücktritt oder Schadensersatz wegen Nichterfüllung hinsichtlich des *gesamten* Vertrags,[271] wobei als Rechtsgrundlage hierfür die Grundsätze der positiven Forderungsverletzung herangezogen werden können.[272] Voraussetzung ist allerdings, daß das Verhalten den Vertragszweck derart gefährdet, daß dem anderen Teil nach Treu und Glauben das Festhalten am Vertrag nicht zugemutet werden kann.[273]

Ein solches Verhalten kann beispielsweise in bestimmten Fällen der Einbau von *Programmsperren* in die Software darstellen. So ist es dem Hersteller zwar erlaubt, seine Software vor unbefugter Nutzung durch eine vorprogrammierte Sperre zu schützen, die vom berechtigten Benutzer überbrückt werden kann, sofern dem letzteren die Möglichkeit der vertraglichen Verwendung ungehindert verbleibt.[274] Anders verhält es sich aber, falls der Hersteller die Sperre allein deshalb eingebaut hat, um den Anwender zum

---

[267] Für diesen Fall i.E. ebenso *Köhler* in Lehmann Rn.116.

[268] So *Brandi-Dohrn* CR 1986, 63, 65 unter Berufung auf *Larenz* SchuldR II § 62 II a = S.426, der dies am Beispiel der Lieferverträge mit Montageverpflichtung erörtert.

[269] Siehe dazu oben a bb (2) a.E.

[270] Siehe dazu oben a bb (1).

[271] Vgl. *Graue* AcP 163 (1964) 401, 409.

[272] Vgl. BGH vom 19.2.1969, NJW 1969, 975; BGH vom 25.3. 1987, CR 1987, 358, 360; Palandt-*Heinrichs* § 276 Anm.7 E b aa. *Köhler* in Lehmann Rn.122 wendet auf diesen Fall § 326 BGB analog an.

[273] Vgl. BGH vom 13.11.1953, BGHZ 11, 80, 84 (m.Nachw. der älteren Rspr.); BGH vom 25.3.1958, LM Nr.3 zu 276 (H) BGB; BGH vom 18.11.1958, LM Nr.4 zu § 326 (H) BGB; BGH vom 19.2. 1969, NJW 1969, 975, 976. Zu den einzelnen Fallgruppen der Gefährdung des Vertragszwecks siehe Soergel-*Wiedemann* Vor § 275 Rn.353-359.

[274] Vgl. hierzu BGH vom 3.6.1981, NJW 1981, 2684; BGH vom 25.3.1987, CR 1987, 358, 359.

Abschluß eines Software-Wartungsvertrags zu zwingen. Wenn hier der Hersteller die baldige Unbrauchbarkeit der (nicht gewarteten) Software als Druckmittel gegen den Anwender verwendet,[275] handelt es sich um eine derart schwerwiegende Vertragsverletzung, daß diese das Vertrauen in die *gesamte* Vertragsdurchführung erschüttert.[276]

b) Von großer praktischer Bedeutung aufgrund des vielfach zwischen Anwender und Lieferant vorhandenen Informationsgefälles ist die Verletzung von *Aufklärungs- und Beratungspflichten*,[277] die Ansprüche des Anwenders aus culpa in contrahendo[278] oder positiver Forderungsverletzung[279] auslösen kann. Die Pflichtverletzung kann sich auf die gesamte Leistung beziehen; möglich ist indes auch, daß sie auf einen Leistungsteil beschränkt bleibt. Paradigmatisch ist hier die Überlassung einer EDV-Anlage durch einen Lieferanten, der eine Einweisung in vollem Umfang bzw. nur hinsichtlich der Software unterläßt. Während im ersten Fall der Anspruch des Anwenders aus positiver Forderungsverletzung auf Rückgängigmachung[280] des gesamten Vertrags gerichtet ist, beschränkt er sich im zweiten Fall grundsätzlich auf den verletzten Vertragsteil. Falls infolge der teilweisen Pflichtverletzung das Interesse des Anwenders an der Durchführung des verbleibenden Vertragsbestandteils entfallen ist, wird allerdings dem Anwender ein den gesamten Vertrag betreffendes Rücktrittsrecht zuzubilligen sein. Als positivrechtliche Grundlage für diese Lösung lassen sich die Vorschriften der §§ 326 Abs.1 S.3, 325 Abs.1 S.2, 280 Abs.2 BGB heranziehen, was ohnehin naheliegt, wenn man - mit der herrschenden Mei-

---

[275] Dies war der Fall in der Entscheidung des BGH vom 25.3.1987, CR 1987, 358ff. Zur strafrechtlichen Beurteilung eines solchen Verhaltens vgl. LG Ulm vom 1.12.1988, CR 1989, 825f.

[276] Der BGH bejahte im konkreten Fall zwar eine schwerwiegende Vertragsverletzung (CR 1987, 358, 361). Er verneinte aber ein Rücktrittsrecht im Hinblick auf die Hardware, da nach seiner Ansicht Hard- und Software nicht in einem "einheitlichen Vertrag" überlassen worden waren, was er anhand der zu § 139 BGB entwickelten Kriterien beurteilte (CR 1987, 358, 362f.). Siehe zu der Entscheidung bereits oben II 1 a dd und 2 a cc; zur Gleichstellung eines einheitlichen Vertrags mit einem einheitlichen Rechtsgeschäft (§ 139 BGB) vgl. oben II 2 c bb.

[277] Siehe dazu bereits oben § 4 III 3.

[278] Dazu BGH vom 6.6.1984, NJW 1984, 2938f. = CR 1986, 79ff; BGH vom 15.5.1990, NJW 1990, 3008ff.; OLG Stuttgart vom 18.10.1988, CR 1989, 598ff.; OLG München vom 25.9.1986, NJW-RR 1988, 436.

[279] Dazu OLG Stuttgart vom 23.6.1986, BB 1986, 1675ff.; LG München I vom 7.2.1980, MDR 1981, 670; *Köhler* in Lehmann Rn.48.

[280] Die hier angesprochene Problematik stellt sich nicht, falls der Anwender einen Schadensersatzanspruch wegen Nichterfüllung geltend macht.

nung[281] – die positive Forderungsverletzung als eine Regelungslücke auffaßt, die durch die Verzugs- und Unmöglichkeitsregeln auszufüllen ist.

§ 6 Die Überlassung im Rahmen mehrerer Verträge

Sind Hard- und Software im Rahmen mehrerer Verträge überlassen worden, beeinflussen Störungen in einem Bereich den anderen Bereich grundsätzlich nicht. Von diesem Grundsatz gibt es jedoch Ausnahmen.

I. Vereinbarung einer Bedingung oder eines Rücktrittsrechts

Die Parteien können eine Verbindung unterschiedlicher Verträge durch Vereinbarung einer Bedingung oder eines Rücktrittsrechts herstellen. Beide rechtlichen Gestaltungsmöglichkeiten kommen in der Praxis indes selten vor, wenn Hard- und Software "aus einer Hand" überlassen werden.[282] Der Grund hierfür liegt darin, daß die Parteien, wenn eine ausdrückliche Verbindung der verschiedenen Leistungen gewollt ist, zumeist die Überlassung im Rahmen eines einheitlichen Vertrags vereinbaren.[283]

Haben Anwender und Lieferant im Einzelfall Hard- und Softwareüberlassung über eine **rechtsgeschäftliche (auflösende) Bedingung** – welche zweckmäßigerweise die Rückabwicklung des jeweils anderen Vertrags zum Gegenstand haben sollte – miteinander verknüpft, sind sie verpflichtet, bei Eintritt der Bedingung die bereits erbrachten Leistungen zurückzugewähren. Mit einer im Vordringen befindlichen Ansicht[284] ist davon auszugehen, daß die Rechtsgrundlage hierfür sich bereits aus dem bedingten Rechtsgeschäft selbst ergibt, der *Rückabwicklungsanspruch* also *vertraglicher*

---

[281] Vgl. nur *Larenz* SchuldR I § 24 I a = S.367; *Medicus* Bürg.Recht Rn.316; Soergel-*Wiedemann* Vor § 275 Rn.3; Palandt-*Heinrichs* § 276 Anm.7 A b; BGH vom 13.11.1953, BGHZ 11, 80, 83ff. jeweils m.w.N.

[282] In der Entscheidung des BGH vom 3.7.1985, BGHZ 95, 170ff. war zwar zwischen Anwender und (Hard- und Software-) Lieferant im ursprünglich zur Ausführung vorgesehenen Hardwarevertrag ein "qualifiziertes Rücktrittsrecht ... unter Vorbehalt der Organisationslösung" vereinbart worden. Die Hardware wurde schließlich jedoch im Wege des Finanzierungsleasing unter Einschaltung einer Leasinggesellschaft überlassen. Die Entscheidung ist daher der unten § 8 erörterten Fallgestaltung zuzuordnen.

[283] Vgl. auch *Köhler* in Lehmann Rn.123.

[284] *Flume* § 40 2 d = S.729; *Larenz* Allg.Teil § 25 IV = S.507; *Medicus* Allg.Teil Rn.840; *Wunner* AcP 168 (1968) 425, 443ff.; AK-*Ott* § 158 Rn.11.

Natur ist.²⁸⁵ Eines Rückgriffs auf die Vorschriften des Bereicherungsrechts, insbesondere § 812 Abs.1 S.2 BGB bedarf es daher nicht.²⁸⁶

Haben die Parteien ein **Rücktrittsrecht** vereinbart, entsteht die Verpflichtung zur Rückgewähr der erbrachten Leistungen erst mit der *Ausübung* des Rücktrittsrechts durch die nach dem Vertrag hierzu berechtigte Partei. Die Rückabwicklung erfolgt nach den Vorschriften der §§ 346ff. BGB.

II. Grundsätze des "einheitlichen Rechtsgeschäfts"

1. Auch wenn die Vereinbarungen über Hard- und Software in zwei getrennten Verträgen niedergelegt sind, können diese dennoch ein "einheitliches Rechtsgeschäft" im Sinne von § 139 BGB bilden. Hierbei handelt es sich um die Fallgruppe der bereits oben²⁸⁷ erwähnten "nicht streng einheitlichen" Rechtsgeschäfte.²⁸⁸ Ein in diesem Sinne einheitliches Rechtsgeschäft wird immer dann bejaht, wenn mehrere rechtlich selbständige Rechtsgeschäfte zu einem *wirtschaftlich einheitlichen Rechtsgeschäft* zusammengefaßt sind.²⁸⁹ Entscheidend ist, ob nach den Vorstellungen der Parteien die unterschiedlichen Vereinbarungen gemeinsam miteinander **"stehen und fallen"** sollen.²⁹⁰ Dabei genügt es, wenn auch nur einer der Vertragspartner einen "Einheitlichkeitswillen" hatte, dieser aber dem anderen Vertragspartner erkennbar war und von ihm gebilligt oder auch nur hingenommen wurde.²⁹¹ Die Aufnahme in eine Vertragsurkunde soll die Vermutung für einen Ein-

---

²⁸⁵ Vgl. hierzu die eingehende Begründung von *Wunner* AcP 168 (1968) 425, 443-448.

²⁸⁶ Für Anwendung des § 812 BGB dagegen MünchKomm-*Westermann* § 159 Rn.3 sowie MünchKomm-*Janßen* Vor § 346 Rn.20; Palandt-*Heinrichs* § 159 Anm.1. Differenzierend (Anwendung des § 812 BGB, falls sich aus dem Vertrag keine Regelung über die Rückabwicklung entnehmen läßt) BGH vom 30.4.1959, LM Nr.1 zu § 159 BGB; Staudinger-*Dilcher* § 158 Rn.14; RGRK-*Steffen* § 158 Rn.7; Soergel-*Wolf* § 159 Rn.2 (vgl. aber auch § 158 Rn.29).

²⁸⁷ Siehe oben § 5 II 2 b bb.

²⁸⁸ Vgl. dazu Soergel-*Hefermehl* § 139 Rn.17; Erman-*Brox* § 139 Rn.13, 20ff.

²⁸⁹ Vgl. Soergel-*Hefermehl* § 139 Rn.17; *Fikentscher* SchuldR § 65 I = S.401; RG vom 5.12.1911, RGZ 78, 41, 43f. *Dilcher* spricht von "mehreren wirtschaftlich eine Einheit bildenden Rechtsgeschäften, deren *wirtschaftlicher Zusammenhang* so stark ist, daß er rechtlich nicht unberücksichtigt bleiben kann ... " (Staudinger-*Dilcher* § 139 Rn.14).

²⁹⁰ Vgl. BGH vom 30.4.1976, NJW 1976, 1931, 1932; BGH vom 23.2.1968, BGHZ 50, 8, 13; BGH vom 22.5.1966, LM Nr.34 zu § 139 BGB; *Larenz* Allg.Teil § 23 II a = S.458; *Köhler* BGB AT § 22 I 2.

²⁹¹ Vgl. BGH vom 30.4.1976, NJW 1976, 1931, 1932; BGH vom 19.3.1971, LM Nr.46 zu § 139 BGB; *Köhler* BGB AT § 22 I 2; Staudinger-*Dilcher* § 139 Rn.15; Erman-*Brox* § 139 Rn.21.

heitlichkeitswillen begründen, während umgekehrt die getrennte Beurkundung für die Selbständigkeit der Geschäfte sprechen soll.[292]

Die Geltung dieser Grundsätze hat der *BGH* in der Entscheidung vom 25.3.1987[293] auch im Rahmen von Hard- und Softwareüberlassung bestätigt, jedoch zugleich speziell für den EDV-Bereich festgestellt, daß trotz Zusammenfassung zweier Vereinbarungen über den Kauf von Hardware und die zeitlich unbegrenzte Überlassung von Software in einer Vertragsurkunde die Vermutung für einen Einheitlichkeitswillen der Parteien widerlegt sei, wenn sich der Vertrag auf den Kauf eines handelsüblichen Computers und auf die Überlassung von Standardsoftware beziehe.[294] Im Falle nicht speziell aufeinander abgestimmter Hardware und Software müsse davon ausgegangen werden, daß beide Vertragspartner den Bestand der verschiedenen Vereinbarungen nicht voneinander abhängig machen wollten. Allein aus der Zielrichtung des Abnehmers, Hard- und Software gemeinschaftlich zu verwenden, könne noch nicht auf einen Einheitlichkeitswillen geschlossen werden, da gemeinschaftliche Zwecke auch durch mehrere nacheinander geschlossene Verträge erfüllt werden könnten.[295]

Diese Entscheidung ist zu Recht vielfach[296] auf Kritik gestoßen. In ihr wird der mangelnden technischen Abstimmung von Hard- und Software zu große Bedeutung beigemessen,[297] während die Besonderheiten der urkundlichen Zusammenfassung von Hard- und Softwareleistung[298] und der Preisgestaltung im konkreten Fall (die Software wurde mit erheblichem Preisnachlaß veräußert)[299] verkannt werden. Sowohl die urkundliche Zusammenfassung als auch die Gewährung von Preisnachlässen sprechen nicht nur für die Verbindung zweier unterschiedlicher Verträge im Rahmen eines einheitlichen Rechtsgeschäfts, sondern sind zugleich Anhaltspunkte für den

---

[292] BGH vom 20.5.1966, LM Nr.34 zu § 139 BGB; BGH vom 22.5.1970, BGHZ 54, 71, 72; BGH vom 6.11.1980, BGHZ 78, 346, 349; BGH vom 25.3.1987, CR 1987, 358, 362.

[293] NJW 1987, 2004ff.; siehe zu der Entscheidung auch bereits oben § 5 II 1 a dd und 2 a cc.

[294] Vgl. den 2. Leitsatz der Entscheidung.

[295] CR 1987, 358, 363.

[296] Vgl. etwa *Junker* JZ 1988, 464, 466; *ders.* Computerrecht Rn.387; *Lehmann* CR 1987, 422f.; *Köhler* CR 1987, 827, 834.

[297] Siehe dazu bereits oben § 5 II 2 c bb a.E. sowie *Junker* Computerrecht, Rn.387.

[298] Siehe dazu oben § 5 II 2 c aa.

[299] Kritisch zur mangelnden Berücksichtigung der Preisgestaltung insbesondere *Köhler* in Lehmann Rn.125; siehe dazu auch oben § 5 II 2 c bb.

Abschluß eines einheitlichen Vertrags, an den sogar strengere Anforderungen als an ein einheitliches Rechtsgeschäft zu stellen sind.[300] So müssen die Vorstellungen der Parteien, die mehrere rechtlich selbständige Rechtsgeschäfte zu einem wirtschaftlich einheitlichen Rechtsgeschäft verbinden, gerade nicht Vertragsbestandteil geworden sein, sondern können sich insbesondere auch aus den *Umständen des Zustandekommens der einzelnen Vereinbarungen* ergeben, was an Hand eines Beispiels erläutert werden soll.

Eine nicht unerhebliche Anzahl von Herstellern verweist in ihrer Werbung darauf, dem Anwender eine "datenverarbeitungstechnische Lösung aus einer Hand" zu bieten. Wenn hier die Ermittlung des Parteiwillens - etwa aufgrund der vorvertraglichen Beratungen - ergibt, daß für den Anwender eine technische Gesamtlösung im Vordergrund steht, ohne daß dies jedoch Gegenstand der getrennten vertraglichen Regelungen über Hard- und Software geworden ist, sind die einzelnen Vereinbarungen aufgrund ihres *wirtschaftlichen Zusammenhangs* dennoch als einheitliches Rechtsgeschäft einzuordnen. In jedem Fall ist allerdings Voraussetzung, daß der Einheitlichkeitswille des Anwenders vom Hersteller erkannt und hingenommen wurde, was zu verneinen ist, falls letzterer den Anwender auf die Unabhängigkeit der Vereinbarungen ausdrücklich hingewiesen hat. Vergleichbar ist dieser Fall mit einem Sachverhalt, der der Entscheidung des *BGH* vom 6.11.1980[301] zugrundelag: dort hatte eine Bauunternehmerin in einer Zeitungsanzeige für eine noch zu errichtende Doppelhaushälfte auf einem bestimmten Grundstücksteil geworben, worauf zwei Verträge (Bau- und Grundstückserwerbvertrag) geschlossen wurden, von denen der Bauvertrag nicht beurkundet wurde. Hier bejahte der *BGH* ein einheitliches Rechtsgeschäft mit folgender Begründung: die Bauunternehmerin habe mit ihrer Anzeige den sicheren Eindruck erweckt und auch erwecken wollen, daß sie dem Bauwilligen auch das für die Errichtung des Hauses erforderliche Grundstück verschaffen werde. Sie habe gewußt, daß der Interessent Haus *und* Grundstück erwerben wollte; auf dieser Grundlage hätten die Parteien auch verhandelt. Mangels besonderer Abreden sollten daher nach dem Willen der Parteien Bauvertrag und Grundstückserwerb "miteinander stehen und fallen".[302]

Ergibt sich der Einheitlichkeitswille der Parteien bereits aus eindeutigen Vertragsbezeichnungen, wird dies in aller Regel zur Annahme eines ein-

---

[300] Siehe hierzu bereits oben § 5 II 2 c bb.
[301] BGHZ 78, 346ff.
[302] BGHZ 78, 346, 350.

heitlichen Vertrags führen, ohne daß es eines Rückgriffs auf die aus § 139 BGB abgeleiteten Grundsätze bedarf. Erst wenn die Umstände des Zustandekommens der einzelnen Vereinbarungen sowie der sonst zu ermittelnde Parteiwille auf eine Einheitlichkeit hindeuten, ohne im Vertrag konkreten Niederschlag gefunden zu haben, sind die soeben erörterten Grundsätze eines nicht streng einheitlichen Rechtsgeschäfts heranzuziehen. Rechtssystematisch stellt die Fallgruppe der nicht streng einheitlichen Rechtsgeschäfte daher eine partielle Erweiterung des Tatbestands der Überlassung im Rahmen eines einheitlichen Vertrags dar.

2. Die Entscheidung des *BGH* vom 25.3.1987 gibt nicht nur im Hinblick auf die dort behandelten Voraussetzungen, sondern auch auf die **Rechtsfolgen eines einheitlichen Rechtsgeschäfts** Anlaß zu näherer Betrachtung. So zog der *BGH* die Grundsätze eines einheitlichen Rechtsgeschäfts zur Beurteilung der Zulässigkeit eines *Gesamtrücktritts* aufgrund einer positiven Forderungsverletzung eines Vertragsteils heran. Der Anwendungsbereich des § 139 BGB erstreckt sich nach seinem Wortlaut allerdings nur auf die *Teilnichtigkeit* von Rechtsgeschäften, wobei darüber hinaus anerkannt ist, daß die Fälle der *Teilunwirksamkeit* denjenigen der Teilnichtigkeit gleichzusetzen sind.[303] Dies wirft die Frage auf, ob unabhängig vom unmittelbaren Anwendungsbereich des § 139 BGB bei Vorliegen mehrerer Verträge generell die Beendigung eines Vertrags sich auf den anderen Vertrag auswirkt, falls beide Verträge ein *einheitliches Rechtsgeschäft* bilden.

Die Beantwortung dieser Frage ergibt sich jedoch bereits aus der *Definition* eines einheitlichen Rechtsgeschäfts: bejaht man ein solches, wenn nach den Vorstellungen der Parteien die unterschiedlichen Vereinbarungen gemeinsam miteinander "stehen und fallen" sollen, werden die Grundsätze des einheitlichen Rechtsgeschäfts überall dort relevant, wo eine von mehreren Vereinbarungen "fällt", unabhängig davon, ob dies aufgrund *Anfechtung, Kündigung, Rücktritt,*[304] *Wandelung* oder dgl. geschieht. Im Bereich der (Teil-) Nichtigkeit und Unwirksamkeit kann dabei auf § 139 BGB zurückgegriffen werden, während für den Bereich der Wandelung die Vorschriften

---

[303] Vgl. BGH vom 29.1.1970, BGHZ 53, 174, 179; BGH vom 22.5.1970, BGHZ 54, 71, 72; Soergel-*Hefermehl* § 139 Rn.5; RGRK-*Krüger-Nieland/Zöller* § 139 Rn.16f.

[304] Siehe hierzu auch *Fikentscher* SchuldR § 65 I = S.401. Zu Frage eines einheitlichen Rücktritts vgl. BGH vom 18.11.1958, LM Nr.4 zu § 326 (H) BGB sowie BGH vom 30.4.1976, NJW 1976, 1931, 1932: "Liegt ein einheitliches Rechtsgeschäft vor, dann kann das Rücktrittsrecht hinsichtlich der verbundenen Rechtsgeschäfte grundsätzlich nur einheitlich ausgeübt werden, sofern nicht etwa ... die Vertragspartner von der Möglichkeit eines selbständigen rechtlichen Schicksals ... ausgegangen sind."

der §§ 469ff. BGB heranzuziehen sind.[305] In den übrigen Fällen verbleibt allein der Rückgriff auf den Parteiwillen des "miteinander Stehens und Fallens" der einzelnen Vereinbarungen.[306]

Der Auffassung des *BGH*,[307] die §§ 469ff. BGB setzten eine Vertragseinheit voraus, kann daher nicht gefolgt werden: die Vorschriften sind vielmehr auch dann anwendbar, wenn mehrere rechtlich selbständige Verträge ein wirtschaftlich einheitliches Rechtsgeschäft bilden,[308] wobei der "Einheitlichkeitswille" der Parteien im Erfordernis der "Zusammengehörigkeit" der verkauften Sachen in § 469 S.2 BGB seine Entsprechung findet.[309] Dem Merkmal der **Zusammengehörigkeit** ist daher in *zweifacher* Hinsicht Bedeutung beizumessen: zum einen läßt sich aus ihm das Prinzip der Vertragseinheit ableiten, wenn die Parteien eine Zusammengehörigkeit verschiedener Leistungen *vertraglich* vereinbart haben.[310] Insoweit kommt ihm bei der Prüfung eines Gesamtwandelungsrechts nach § 469 S.2 BGB keine eigenständige Bedeutung zu, wenn zuvor eine Vertragseinheit bejaht worden ist.[311] Anderes gilt hingegen, wenn die Parteien zwei rechtlich getrennte Verträge geschlossen haben: hier statuiert § 469 S.2 BGB das Erfordernis zumindest eines "Einheitlichkeitswillens" der Vertragsparteien, der auch bei Abschluß mehrerer Verträge bejaht werden kann.

---

[305] Zur Parallelität der Vorschrift des § 139 BGB zu § 469 BGB vgl. auch *Hager* AcP 190 (1990) 325, 353f.

[306] Ähnlich *Köhler* in Lehmann Rn.126.

[307] Vgl. BGH vom 4.11.1987, BGHZ 102, 135, 148. Anders noch BGH vom 10.11.1971, NJW 1972, 155: Dort wurde die Anwendbarkeit der §§ 469ff. BGB gerade deshalb verneint, weil (!) die Parteien einen einheitlichen Kaufvertrag geschlossen hatten; kritisch dazu bereits *Rohlff* NJW 1972, 575f.

[308] Ebenso *Wallerath* MDR 1970, 636, 637; zustimmend MünchKomm-*Westermann* § 469 Rn.2; Palandt-*Putzo* § 469 Anm.2 a; zweifelnd Staudinger-*Honsell* § 469 Rn.6.

[309] A.A. *Mehrings* NJW 1988, 2438, 2441, der davon ausgeht, daß an den Einheitlichkeitswillen höhere Anforderungen als an die Zusammengehörigkeit i.S.v. § 469 S.2 BGB zu stellen sind.

[310] Vgl. oben § 5 II 2 c bb.

[311] Vgl. oben § 5 III 2 a bb (1).

III. Grundsätze des Fehlens oder Wegfalls der Geschäftsgrundlage

1. Eine Verbindung zweier rechtlich getrennter Verträge kommt ferner über die Grundsätze des Fehlens oder Wegfalls der Geschäftsgrundlage in Betracht.[312]

Ausgehend von der *Oertmann*'schen Formel,[313] welche die ständige Rechtsprechung heranzieht, werden unter einer Geschäftsgrundlage diejenigen "nicht zum Vertragsinhalt erhobenen, aber bei Vertragsschluß zutage getretenen, dem Geschäftsgegner erkennbaren und von ihm nicht beanstandeten Vorstellungen des einen Vertragsteils oder die gemeinsamen Vorstellungen beider Teile vom Vorhandensein oder künftigen Eintritt gewisser Umstände, sofern der Geschäftswille auf diesen Vorstellungen aufbaut",[314] verstanden.

Überträgt man dies auf die Überlassung von Hard- und Software, so wird man dann zu einer Verbindung von Hard- und Softwarevertrag über die Grundsätze der Geschäftsgrundlage gelangen, wenn entweder der Anwender erkennbar für den Lieferanten oder aber beide Vertragsparteien von einer gemeinsamen Benutzung beider Komponenten ausgegangen sind, dieser Umstand aber nicht Vertragsinhalt geworden ist.[315]

Beispielhaft ist hier der Fall, der einer Entscheidung des *OLG München*[316] zugrundelag: Dort hatte der Lieferant dem Anwender in mehreren rechtlich getrennten Verträgen Software überlassen und zugleich einen Wartungsvertrag über die Hardware abgeschlossen; die Hardware selbst hatte der Anwender von einer Finanzierungsgesellschaft geleast. Da die Software mangelhaft war, konnte der Anwender die Hardware nicht einsetzen; der mit dem Lieferanten zugleich geschlossene Hardware-Wartungsvertrag, dessen Gebühren der Lieferant eingeklagt hatte, war somit für ihn nutzlos.

---

[312] Beispiele aus der allgemeinen Rspr. finden sich in BGH vom 22.5.1970, DNotZ 1970, 540f.; BGH vom 23.2.1977, BGHZ 68, 118, 126; BGH vom 19.2.1986, BGHZ 97, 135, 140; vgl. auch Palandt-*Heinrichs* § 242 Anm.6 C d cc. Zum Wegfall der Geschäftsgrundlage bei Überlassung von Hard- und Software siehe OLG München vom 22.5.1985, CR 1985, 138ff. sowie vom 14.10.1987, IuR 1988, 246f; *Moritz/Tybusseck* Rn.73f.; *J.Schneider* Praxis D 152, 158ff.; H 81.

[313] Vgl. *Oertmann* S.37f.

[314] BGH vom 23.10.1957, BGHZ 25, 390, 392; BGH vom 12.12.1963, BGHZ 40, 334, 335f.; BGH vom 1.6.1979, BGHZ 74, 370, 372f; BGH vom 15.12.1983, BGHZ 89, 226, 231; vgl. auch MünchKomm-*Roth* § 242 Rn.477 m.w.N.

[315] Vgl. auch den ähnlichen Ansatz von *Moritz/Tybusseck* Rn.74.

[316] OLG München vom 22.5.1985, CR 1985, 138; einen ähnlich gelagerten Fall behandelt OLG Hamm vom 9.5.1988, CR 1989, 490ff.

Hier waren beide Vertragsparteien davon ausgegangen, daß Hard- und Software gemeinsam benutzt und die Hardware - um jederzeit für die Software einsatzbereit zu sein - gewartet werden sollte; sie hatten dies jedoch weder im Softwarevertrag noch im Hardware-Wartungsvertrag niedergelegt. Die ordnungsgemäße Erfüllung des Softwarevertrags war somit Geschäftsgrundlage des Hardware-Wartungsvertrags geworden, welche aufgrund der fehlerhaften Lieferung der Software entfallen war. Da ein weiteres Festhalten des Anwenders an dem Wartungsvertrag unzumutbar war,[317] lagen somit grundsätzlich die Voraussetzungen des Wegfalls der Geschäftsgrundlage vor. Im konkreten Fall verneinte das *OLG München*[318] jedoch den Wegfall der Geschäftsgrundlage, da der Wandelungsanspruch aus dem Softwarevertrag bereits verjährt war.[319]

2. Sofern im Einzelfall die Voraussetzungen eines Wegfalls der Geschäftsgrundlage vorliegen, sind die Rechtsfolgen jeweils nach der konkreten Situation zu bestimmen,[320] wobei Unwirksamkeit oder Beendigung eines Vertrags durch Rücktritt oder Kündigung erst in Betracht zu ziehen sind, wenn eine Anpassung des Vertrags nicht zu einem angemessenen Interessenausgleich führt.[321]

Hätte etwa der Lieferant im oben erwähnten Beispielsfall fehlerhafte Individualsoftware erstellt und den Mangel innerhalb eines bestimmten Zeitraums behoben, so wäre der Hardware-Wartungsvertrag dergestalt anzupassen, daß für den Zeitraum, in dem eine Nutzung der Hardware durch den Anwender nicht möglich gewesen wäre, die Pflicht zur Zahlung der Wartungsgebühren entfällt. Ein (außerordentliches) Kündigungsrecht des Anwenders scheidet dagegen aus, da die Anpassung sowohl das Interesse des Anwenders, für nutzlose Wartungen keine Gegenleistung erbringen zu müssen, als auch das des Lieferanten an einer Fortführung des Dauerschuldverhältnisses der Wartung angemessen berücksichtigt.

---

[317] Zum Merkmal der Unzumutbarkeit als weiterer Voraussetzung des Wegfalls der Geschäftsgrundlage vgl. BGH vom 29.1. 1957, WM 1957, 401, 402f.; BGH vom 1.10.1975, WM 1975, 1131, 1132; *Fikentscher* Geschäftsgrundlage, S.17-19; *Chiotellis* S.29-39; Soergel-*Teichmann* § 242 Rn.245ff.

[318] CR 1985, 138, 139.

[319] Kritisch zu der Entscheidung in bezug auf die dort angeführte Parallelität zur Rückabwicklung bei Finanzierungsleasing *Etter* CR 1985, 139ff.

[320] Umfassend zur Rechtsfolgenbestimmung *Chiotellis* S.1ff. Einen Überblick über die verschiedenen Rechtsfolgen gibt Soergel-*Teichmann* § 242 Rn.262ff.

[321] Vgl. Soergel-*Teichmann* § 242 Rn.266.

3. Unklar ist das **Verhältnis zwischen** den Grundsätzen eines **einheitlichen Rechtsgeschäfts und** dem **Wegfall der Geschäftsgrundlage**. *Heinrichs* verweist darauf, daß auch bei Fehlen eines einheitlichen Rechtsgeschäfts die Wirksamkeit eines Vertrags Geschäftsgrundlage für einen anderen Vertrag sein kann, ohne dies näher auszuführen.[322] *Köhler*, der dieser Auffassung zustimmt,[323] sieht die Beziehung zwischen beiden Rechtsinstituten als ein *Stufenverhältnis*[324] an: Zwischen den Extremen einer rechtlichen Unverbundenheit zweier Verträge und einem gemeinsamen "Stehen und Fallen" seien Abstufungen denkbar in der Weise, daß die Störungen des einen Vertrags "zwar nicht automatisch den anderen Vertrag ergreifen, aber doch auch nicht ohne Auswirkungen bleiben sollen".[325] So könne etwa bei gleichzeitigem Erwerb kompatibler Hard- und Software die Einräumung eines Sonderpreises für die Software so verstanden werden, daß "zwar keine eigentliche Geschäftseinheit im Sinne des § 139 BGB gewollt war, daß aber für beide Parteien die Wirksamkeit und der Fortbestand des einen Vertrags Geschäftsgrundlage des anderen Vertrags war".[326]

Gegen diese Auffassung spricht, daß es ihr nicht gelingt, eine praktikable Abgrenzung zwischen beiden Rechtsinstituten vorzunehmen. So erkennt auch *Köhler* an anderer Stelle,[327] daß in dem von ihm erwähnten Beispielsfall ebensogut die Grundsätze eines einheitlichen Rechtsgeschäfts herangezogen werden könnten. Dies ist in der Tat zutreffend: In beiden Fällen handelt es sich um Vorstellungen der Parteien (im Sinne eines gemeinsamen Einsatzes von Hard- und Software), die nicht Vertragsbestandteil geworden, aber bei Vertragsschluß zutage getreten sind; ein gradueller Unterschied ist schlechterdings nicht ersichtlich. Wohl aber unterscheiden sich die *Anwendungsbereiche* beider Rechtsinstitute: Die Grundsätze eines einheitlichen Rechtsgeschäfts werden nur dort relevant, wo Störungen in einem Teilbereich den *vollständigen Wegfall einer Teilvereinbarung* zum Gegenstand haben, während das Institut des Fehlens oder Wegfalls der Geschäftsgrundlage einen erheblich darüber hinausgehenden Anwendungsbereich besitzt. So läuft die Formel eines "miteinander Stehens

---

[322] Palandt-*Heinrichs* § 139 Anm.3 a a.E.
[323] *Köhler* in Lehmann Rn.127.
[324] Ebenso *Zahrnt* IuR 1987, 235f.; ders. DV-Verträge: Gestaltung, S.125.
[325] Zustimmend *Junker* Computerrecht, Rn.393.
[326] *Köhler* CR 1987, 827, 834.
[327] *Köhler* in Lehmann Rn.129.

und Fallens" der Vereinbarungen in der oben 2. angeführten Alternative des Beispielsfalls leer, da die Vereinbarung über die Erstellung von Individualsoftware nicht entfällt. In derartigen Fällen werden daher angemessene Lösungen nur unter Heranziehung der Grundsätze der Geschäftsgrundlage zu erreichen sein.

Drittes Kapitel

Die Überlassung von Hardware und Software durch verschiedene Vertragspartner

Bei Überlassung von Hard- und Software durch verschiedene Vertragspartner lassen sich die folgenden Fallkonstellationen unterscheiden. Zum einen können auf der Anbieterseite zwei Lieferanten von Hard- und Software auftreten, welche mehr oder weniger eng zusammenarbeiten oder vollkommen voneinander unabhängig sind (siehe § 7). Zum anderen kann die Aufteilung in mehrere Vertragspartner jedoch auch darauf zurückzuführen sein, daß Hard- und Software zwar von einem Lieferanten bezogen werden, das Geschäft aber teilweise (siehe § 8) oder insgesamt (siehe § 9) durch Einschaltung einer oder mehrerer Leasinggesellschaften finanziert wird.

§ 7 Die Überlassung durch mehrere Lieferanten

Bei Überlassung von Hard- und Software durch mehrere Lieferanten sind zunächst diejenigen Fallgestaltungen auszusondern, in denen die Parteien eine rechtliche Gestaltung wählen, die der der Überlassung "aus einer Hand" gleichzustellen ist.

Zum Teil kommen Anwender und Lieferanten überein, daß nur einer der beiden Lieferanten Vertragspartner des Anwenders wird. Es handelt sich hierbei um die vor allem aus dem Baubereich bekannte **Vereinbarung einer Generalunternehmerschaft**.[1] Herkömmlicherweise fungiert der Hardwarelieferant als Vertragspartner, der für die Übernahme der Gesamtverantwortung und der damit verbundenen Risikoerhöhung einen *Zuschlag* erhält.[2] Der Softwarelieferant ist in diesen Fällen als Erfüllungsgehilfe

---

[1] Siehe hierzu *Nicklisch* NJW 1985, 2361ff.; MünchKomm-*Soergel* § 631 Rn.70 m.w.N. in Fn.118.

[2] Vgl. *Zahrnt* DV-Verträge: Gestaltung, S.153-155.

einzuordnen, für dessen Verschulden der Hardwarelieferant gemäß § 278 BGB haftet.[3] Hier gelten die im zweiten Kapitel dargestellten Grundsätze ohne Besonderheiten.

Gleiches gilt, falls die Parteien einen **einheitlichen Vertrag im Sinne eines dreiseitigen Rechtsgeschäfts** abschliessen. Notwendig ist dafür ein rechtsgeschäftlicher Bindungswille nicht nur zwischen Anwender und Lieferanten, sondern auch der Lieferanten untereinander. Ein derartiger Wille wird sich im Regelfall allerdings nur aus den ausdrücklichen Erklärungen der Parteien ableiten lassen, da in der Praxis kaum Umstände denkbar sind, die den Schluß auf den Willen der Lieferanten zulassen, rechtsgeschäftlich die jeweiligen Überlassungsvereinbarungen miteinander zu verknüpfen.[4] Zu den Rechtsfolgen eines einheitlichen Vertrags siehe oben § 5 III.

Zumeist werden Hard- und Software jedoch im Rahmen **mehrerer rechtlich getrennter Verträge** überlassen. Hier ist von dem *Grundsatz* auszugehen, daß Störungen eines Vertrags den anderen Vertrag nicht beeinflussen, die geschlossenen Verträge also *rechtlich voneinander vollkommen unabhängig* sind.

Bezieht der Anwender Hard- und Software von zwei Lieferanten, die in keiner Weise zusammenwirken, wie dies vornehmlich im Hardwarebereich bei Kleinrechnern bzw. Personal Computern, im Softwarebereich bei Standardsoftware der unteren Preisklasse der Fall sein wird, gilt dieser Grundsatz ausnahmslos.

Anders verhält es sich, falls Hard- und Softwarelieferant gemeinsam auf eine Gesamtlösung hinwirken, was auf unterschiedliche Weise geschehen kann. So kann ein Zusammenwirken beider Lieferanten sich darauf beschränken, auf Nachfrage des Anwenders den jeweils anderen Vertragspartner zu empfehlen. Eine stärkere Form des Zusammenwirkens liegt vor, falls bei den vorvertraglichen Gesprächen beide Lieferanten zugleich anwesend sind oder sogar die Angebote beider Lieferanten in einer Angebotsmappe zusammengefaßt werden.[5] Schließlich können die Parteien die getrennten Verträge auch ausdrücklich miteinander verbinden. Hier können zur Beurteilung einer rechtlichen Einheit von Hard- und Softwareleistungen grund-

---

[3] Für den Bereich der Bauverträge vgl. BGH vom 15.1.1976, BauR 1976, 131; Münch-Komm-*Soergel* § 631 Rn.70.
[4] Vgl. auch *Junker* Computerrecht, Rn.396.
[5] Eingehend zu den in der Praxis vorkommenden Formen des Zusammenwirkens *Zahrnt* BB 1988, 1687, 1692.

sätzlich die oben § 6 dargestellten Grundsätze herangezogen werden, wobei allerdings Modifikationen angebracht sind.

I. Vereinbarung einer Bedingung, eines Rücktrittsrechts oder dgl.

Ebenso wie bei der Überlassung "aus einer Hand" steht es den Parteien frei, eine Verbindung einzelner Verträge durch rechtsgeschäftliche Vereinbarung etwa einer Bedingung, eines Rücktrittsrechts oder dgl. herzustellen.[6] Beispielhaft für die Vereinbarung einer solchen Verbindung ist der Sachverhalt, der einer Entscheidung des *OLG Frankfurt* vom 17.2.1987[7] zugrundelag. Dort hatte der Anwender - wohl aufgrund seiner wirtschaftlichen Bedeutung für den Lieferanten - die Aufnahme folgender Klausel im Hardwarevertrag erwirkt: "Die Abnahme der Hardware und Betriebssystemsoftware kann vom Kunden unberücksichtigt des vereinbarten Liefertermins verweigert werden, wenn die vom Softwarehersteller zu liefernde Anwendersoftware nicht (den Anforderungen) entspricht."[8] Die Besonderheit dieser Klausel besteht darin, daß sie dem Anwender keinen Rücktritt ermöglicht, sondern ihm nur ein Leistungsverweigerungsrecht bis zur ordnungsgemäßen Erstellung der Software einräumt. Sinnvoll ist die Verwendung einer solchen Klausel allerdings nur dann, wenn zugleich geregelt ist, was gelten soll, falls die Erstellung der Software endgültig fehlschlägt, wie dies im konkreten Fall geschehen war: dort hatten die Parteien in einer weiteren Klausel bestimmt, daß der Hardwarelieferant sodann berechtigt war, ein anderes Softwarehaus einzuschalten.[9]

Im übrigen kann auf die Ausführungen oben § 6 I verwiesen werden.

II. Grundsätze des "einheitlichen Rechtsgeschäfts"

1. Die Rechtsprechung[10] und der überwiegende Teil der Literatur[11] wenden die Grundsätze des einheitlichen Rechtsgeschäfts auch in Mehrper-

---

[6] S. hierzu *J.Schneider* Praxis D 182; H 83, 85, 174.
[7] IuR 1987, 231ff.
[8] Vgl. IuR 1987, 231, 232.
[9] Vgl. IuR 1987, 231, 232.
[10] Vgl. BGH vom 2.10.1951, BGHZ 3, 206, 209; BGH vom 13.11. 1954, WM 1955, 690; BGH vom 20.5. 1966, LM Nr.34 zu § 139 BGB; BGH vom 29.5.1957, BGHZ 24, 345, 349; BGH vom 29.1. 1970, BGHZ 53, 174, 179; BGH vom 30.4.1976, NJW 1976, 1931, 1932; BGH vom 6.11.1980, BGHZ 78, 346, 349; BGH vom 10.1.1990, BB 1990, 733, 734.

sonenverhältnissen an. Gemeint sind dabei nicht nur die Fälle, in denen bei *einem* Rechtsgeschäft auf einer Seite mehrere Personen beteiligt sind,[12] sondern auch Konstellationen, bei denen mehrere Personen an *verschiedenen* Rechtsgeschäften beteiligt sind.[13] Auf der Grundlage dieser Auffassung finden sich im computerrechtlichen Schrifttum[14] und in einzelnen Entscheidungen[15] Ansätze, eine Verknüpfung von Hard- und Softwareleistungen bei Überlassung durch mehrere Lieferanten ebenfalls unter Berufung auf § 139 BGB herzustellen. So bilden nach *Köhler* Verträge eines Anwenders mit unterschiedlichen Lieferanten dann ein einheitliches Rechtsgeschäft, wenn "einmal die sachlichen Voraussetzungen für eine Zusammenfassung gegeben sind und außerdem die Anbieter wirtschaftlich gesehen eine Einheit bilden, etwa konzernmäßig verbunden sind".[16] Vergleichbar ist der Standpunkt von *Zahrnt*. Für ihn ist neben der "Zusammengehörigkeit der Leistungen (ein enger zeitlicher und sachlicher Zusammenhang)" das "gemeinsame Auftreten beider Lieferanten" maßgeblich.[17]

2. Wenn auch das Zusammenwirken zweier Lieferanten ab einer gewissen Stufe rechtlich nicht unberücksichtigt bleiben kann, begegnen der soeben dargestellten Ansicht doch insoweit Bedenken, als sie zur *Begründung* auf § 139 BGB (bzw. die aus dieser Vorschrift entnommenen Grundlagen eines einheitlichen Rechtsgeschäfts) verweist. So ist es zwar zulässig, im Rahmen des § 139 BGB die Fälle der Unwirksamkeit denen der Nichtigkeit gleichzustellen,[18] da insoweit eine vergleichbare Interessenlage besteht, als beidesmal das Rechtsgeschäft (teilweise) keine Wirkungen zeitigt.[19] Gleiches gilt für die Anwendung der Vorschrift auf nicht streng einheitliche Rechts-

---

[11] Vgl. *Köhler* in Lehmann Rn.130; *Pierer v. Esch* S.34f.; Staudinger-*Dilcher* § 139 Rn.14; Soergel-*Hefermehl* § 139 Rn.22; MünchKomm-*Mayer-Maly* § 139 Rn.15; RGRK-*Krüger-Nieland/Zöller* § 139 Rn.31f.; Erman-*Brox* § 139 Rn.21; Palandt-*Heinrichs* § 139 Anm.3 a; AK-*Damm* § 139 Rn.11.

[12] Vgl. dazu BGH vom 29.5.1957, BGHZ 24, 345, 349; BGH vom 29.1.1970, BGHZ 53, 174, 179.

[13] Vgl. dazu BGH vom 13.11.1954, WM 1955, 690; BGH vom 20.5.1966, LM Nr.34 zu § 139 BGB; BGH vom 6.11.1980, BGHZ 78, 346, 349; BGH vom 10.1.1990, BB 1990, 733, 734.

[14] Vgl. *Köhler* in Lehmann Rn.130; *Zahrnt* BB 1988, 1687, 1690f.; *Braun/Jöckel/Schade* Rn.225ff.; ebenso wohl auch *Hager* AcP 190 (1990) 325, 354.

[15] Vgl. OLG München vom 30.9.1987, CR 1988, 130; OLG Hamm vom 12.4.1989, BB-Beil.15/1989, S.8f.

[16] Vgl. *Köhler* in Lehmann Rn.130.

[17] Vgl. *Zahrnt* BB 1988, 1687, 1692.

[18] Vgl. hierzu die Nachweise oben § 6 II 2.

[19] Zum Verhältnis von Nichtigkeit zur Unwirksamkeit vgl. *Gernhuber* Bürg.Recht, § 6.

geschäfte, da der Gedanke einer *teilweisen* Nichtigkeit *eines* Rechtsgeschäfts übertragen werden kann auf den Fall, daß von *mehreren* zwischen *denselben* Parteien abgeschlossenen Rechtsgeschäften *eines* nichtig ist.[20] Die Grenzen einer zulässigen Analogie sind allerdings dann überschritten, wenn auf das Erfordernis eines einheitlichen Rechtsgeschäfts zwischen *denselben* Personen verzichtet wird: die in § 139 BGB enthaltene *rechtsgeschäftliche* Auslegungsregel wird vollends sinnentleert, wenn sie als Grundlage der Beurteilung von Personenbeziehungen (im hier zu beurteilenden Fall also der Beziehung beider Lieferanten zueinander), die *keinerlei* rechtsgeschäftlichen Kontakt zueinander haben, herangezogen wird.[21] Darüber hinaus versagt die Formel des "miteinander Stehens und Fallens" der einzelnen rechtsgeschäftlichen Vereinbarungen bei der Beantwortung der in Mehrpersonenverhältnissen zwangsläufig auftretenden Frage, in welcher Weise die Beziehung zwischen den nicht rechtsgeschäftlich miteinander verbundenen Personen ausgestaltet sein muß.

3. Dennoch ist unbestreitbar, daß gerade *diese* Beziehung für die rechtliche Beurteilung von großer, wenn nicht ausschlaggebender Bedeutung ist, was auch in den Ansätzen von *Köhler* und *Zahrnt* deutlich wird, wenn dort auf die wirtschaftliche Einheit der Lieferanten bzw. deren gemeinsames Auftreten abgestellt wird. Es erhebt sich daher die Frage, welche anderen Rechtsinstitute zur Bewältigung der Besonderheiten der hier zu behandelnden Konstellation besser geeignet sind. Hierbei bietet sich neben den sofort zu erörternden Grundsätzen des *Einwendungsdurchgriffs* die bereits oben im Rahmen der Überlassung "aus einer Hand" erörterte Lehre von der *Geschäftsgrundlage* an.

III. Grundsätze des Einwendungsdurchgriffs

1. Der Einwendungsdurchgriff beim finanzierten Abzahlungskauf

Nach der heute vorherrschenden *Trennungstheorie*[22] sind die bei einem finanzierten Abzahlungskauf geschlossenen Vereinbarungen zwischen Käufer und Verkäufer einerseits und Käufer und Darlehensgeber (Bank) ande-

---

[20] Vgl. hierzu die Nachweise oben § 6 II 1.
[21] Ablehnend auch *Flume* § 32 2 a = S.572; *Canaris* Bankvertragsrecht Rn.1419; *Medicus* Allg.Teil Rn.502; *Müller-Laube* S.169f.; OLG Stuttgart vom 20.2.1970, WuW 1970, 377, 384.
[22] Zur Einheits- und Trennungstheorie vgl. *Canaris* Bankvertragsrecht, Rn.1394-1399; Staudinger-*Hopt/Mülbert* Vorb. §§ 607ff. Rn.402-405; Soergel-*Hönn* § 6 Anh. AbzG Rn.45-47.

rerseits als *zwei rechtlich selbständige* Verträge zu werten. Dennoch kann der Käufer auch nach der Trennungstheorie beim B-Geschäft aufgrund des dort vorhandenen *wirtschaftlichen und funktionellen Zusammenhangs* zwischen Kauf und Darlehen unter bestimmten Voraussetzungen Einwendungen aus dem Kaufvertrag dem Darlehensgeber entgegensetzen.

Ein derartiger **Einwendungsdurchgriff** wird - mit vielfältigen Differenzierungen im einzelnen[23] - dann für zulässig gehalten, wenn Kaufvertrag und Darlehen *wirtschaftlich eine Einheit*[24] bilden und es dem Käufer zugleich *nicht möglich oder unzumutbar* ist, den *Verkäufer in Anspruch* zu nehmen (*Grundsatz der Subsidiarität* des Einwendungsdurchgriffs).[25]

Darüber hinaus macht die ständige Rechtsprechung[26] den Einwendungsdurchgriff *analog § 8 AbzG* von dem formalen Kriterium abhängig, daß der Käufer nicht als Kaufmann ins Handelsregister eingetragen ist, was allerdings von der h.M. in der Literatur[27] abgelehnt wird.

a) Eine **wirtschaftliche Einheit** zwischen Kauf und Darlehen wird dann bejaht, wenn beide Geschäfte derart voneinander abhängen, daß *kein Vertrag ohne den anderen geschlossen* sein würde.[28]

aa) Hierbei müssen nach heutiger[29] Rechtsprechung *objektive* Verbindungselemente vorliegen, die beim Darlehensnehmer *subjektiv* den Eindruck erwecken, Verkäufer und Darlehensgeber stünden ihm als ein ein-

---

[23] Vgl. dazu zuletzt die eingehende Darstellung von Staudinger-*Hopt/Mülbert* Vorb. §§ 607ff. Rn.406ff. m.umf.Nachw.

[24] Aus der Rspr. vgl. etwa BGH vom 19.9.1985, BGHZ 95, 350, 352; BGH vom 25.3.1982, BGHZ 83, 301, 304; weitere eingehende Nachw. bei Staudinger-*Hopt/Mülbert* Vorb.§§ 607ff. Rn.439ff.

[25] Aus der Rspr. vgl. etwa BGH vom 23.2.1977, BGHZ 68, 118, 122; BGH vom 19.9.1985, BGHZ 95, 350, 352; grundlegend hierzu *Canaris* Bankvertragsrecht Rn.1403-1405, 1428f.; weitere eingehende Nachw. bei Staudinger-*Hopt/Mülbert* Vorb.§§ 607ff. Rn.484ff., insbes.491.

[26] Vgl. etwa BGH vom 20.11.1987, NJW 1987, 1813, 1814; BGH vom 28.5.1984, NJW 1984, 2816, 2817; BGH vom 25.3.1982, BGHZ 83, 301, 303; BGH vom 20.3.1980, NJW 1980, 1514, 1515; BGH vom 20.2.1967, BGHZ 47, 233, 237; weit. Nachw.bei Staudinger-*Hopt/Mülbert* Vorb.§§ 607ff. Rn.492. Unzutreffend insoweit *Pander* IuR 1987, 408, 409.

[27] Vgl. *Canaris* Bankvertragsrecht Rn.1447, 1483; Staudinger-*Hopt/Mülbert* Vorb.§§ 607ff. Rn.492; *Reinicke/Tiedtke* S.401f.; Soergel-*Hönn* § 6 Anh. AbzG Rn.48; MünchKomm-*Westermann* § 8 AbzG Rn.6; Erman-*Weitnauer/Klingsporn* § 8 AbzG Rn.1.

[28] Vgl. etwa BGH vom 18.1.1979, NJW 1979, 2194; BGH vom 25.3.1982, BGHZ 83, 301, 304; BGH vom 29.3.1984, BGHZ 91, 9, 11; *Canaris* Bankvertragsrecht Rn.1477ff.; Staudinger-*Hopt/Mülbert* Vorb.§§ 607ff. Rn.439 m.w.N.

[29] Zur Entwicklung der Rspr. siehe Staudinger-*Hopt/Mülbert* Vorb.§§ 607ff. Rn.441.

heitlicher Vertragspartner gegenüber.[30] Als objektive Verbindungselemente, die nach Auffassung des *BGH* nicht im Sinne notwendiger Tatbestandsmerkmale abschließend umschrieben werden können,[31] wurde etwa die Vereinbarung der unmittelbaren Auszahlung der Valuta an den Verkäufer,[32] die Sicherungsübereignung der Kaufsache an den Darlehensgeber,[33] ein enger zeitlicher Zusammenhang beim Abschluß beider Verträge[34] sowie eine Vielzahl weiterer Umstände[35] herangezogen.

bb) Gegen das vom *BGH* zusätzlich für notwendig erachtete *subjektive Erfordernis* ist zutreffend eingewendet worden, daß dieses Merkmal erhebliche Unsicherheiten bei der Abgrenzung zur Folge habe, zumal der "Eindruck" immer nur im Sinne eines *wirtschaftlich* einheitlichen Vertragspartners gemeint sein könnte.[36] Zudem dürfe ein - etwa aufgrund einer unwirksamen Trennungsklausel hervorgerufener - Irrtum des Darlehensnehmers dem Darlehensgeber nicht zugute kommen.[37] Mit einer im Vordringen befindlichen Meinung[38] ist daher eine objektive Verbindung für die Bejahung einer wirtschaftlichen Einheit als ausreichend anzusehen.

cc) Die Rechtsprechung des *BGH* ist jedoch auch im Hinblick auf die tatbestandliche Unbestimmtheit und Offenheit der *objektiven Verbindungsmerkmale* kritisiert worden.[39] In der Tat ist gerade unter dem Aspekt der *Rechtssicherheit*[40] eine Begrenzung des Bereichs der relevanten Merkmale

---

[30] Vgl. etwa BGH vom 25.3.1982, BGHZ 83, 301, 304; BGH vom 29.3.1984, BGHZ 91, 9, 11f.; w.Nachw. bei Staudinger-*Hopt/Mülbert* Vorb.§§ 607ff. Rn.441.

[31] Vgl. BGH vom 25.3.1982, BGHZ 83, 301, 304; zustimmend Soergel-*Hönn* § 6 Anh. AbzG Rn.14.

[32] Vgl. BGH vom 23.6.1988, NJW 1989, 163.

[33] Vgl. BGH vom 23.6.1988, NJW 1989, 163; zur Unbrauchbarkeit dieses Merkmals eingehend *Canaris* Bankvertragsrecht Rn.1482.

[34] Vgl. BGH vom 25.5.1983, NJW 1983, 2250, 2251; BGH vom 23.6.1988, NJW 1989, 163.

[35] Eine Zusammenstellung der verschiedenen Merkmale findet sich bei Staudinger-*Hopt/Mülbert* Vorb.§§ 607ff. Rn.446; Erman-*Weitnauer/Klingsporn* Vorb.III AbzG Rn.35f.; vgl. auch *Canaris* Bankvertragsrecht Rn.1478.

[36] Vgl. Soergel-*Hönn* § 6 Anh. AbzG Rn.14.

[37] Vgl. Staudinger-*Hopt/Mülbert* Vorb.§§ 607ff. Rn.442.

[38] Vgl. Staudinger-*Hopt/Mülbert* Vorb.§§ 607ff. Rn.442; Soergel-*Hönn* § 6 Anh. AbzG Rn.14, 18; *Reinicke/Tiedtke* S.401; *Baudenbacher* JZ 1985, 661, 663; wohl auch MünchKomm-*Westermann* § 6 AbzG Rn.31; *Bender* NJW 1980, 1129, 1135.

[39] Vgl. *Canaris* Bankvertragsrecht Rn.1479; ders. ZIP 1980, 709, 721; *Gernhuber* FS Larenz, S.473; *Baudenbacher* JZ 1985, 661, 664.

[40] Vgl. hierzu *Canaris* Bankvertragsrecht Rn.1479, der diesen Aspekt gerade im Bereich des Bankrechts hervorhebt. Davon unabhängig dürfte dem Aspekt der Rechtssicherheit generell

geboten.[41] Für den finanzierten Abzahlungskauf hat *Canaris* dabei die beiden maßgeblichen Elemente herausgearbeitet: allein entscheidend ist danach neben der Bindung des Darlehensnehmers an die Person des Verkäufers die Einflußnahme der Bank auf dessen Auswahl.[42]

b) Nach dem **Grundsatz der Subsidiarität**[43] des Einwendungsdurchgriffs bleibt es dem Käufer im Normalfall versagt, Einwendungen aus dem Kaufvertrag dem Darlehensgeber entgegenzuhalten.[44] Unter besonderen Umständen wird dieser Grundsatz jedoch durchbrochen, wenn andernfalls die Risiken der Beteiligten nicht angemessen verteilt wären.[45] Eine derartige *unangemessene Risikoverteilung* wird dann bejaht, wenn es dem Käufer *unzumutbar* oder *unmöglich* ist, den Verkäufer in Anspruch zu nehmen.[46] In der Praxis handelt es sich hierbei um die Fälle, in denen der Verkäufer sich im *Konkurs*[47] befindet, in *Vermögensverfall*[48] geraten oder *unauffindbar*[49] ist.

Zudem wird dem Käufer in bestimmten Fällen ein **unmittelbarer Einwendungsdurchgriff** zugestanden. Dies soll zum einen dann gelten, wenn der Darlehensgeber den Darlehensnehmer über die Folgen der Trennung von

---

im Bereich von Mehrpersonenbeziehungen, bei denen einzelne Personen nicht rechtsgeschäftlich miteinander verbunden sind, äußerst große Bedeutung beizumessen sein.

[41] Vgl. hierzu auch *Bender* NJW 1980, 1129, 1135.

[42] Vgl. *Canaris* Bankvertragsrecht Rn.1480; *ders*. ZIP 1980, 709, 721. Ähnlich nunmehr auch Staudinger-*Hopt/Mülbert* Vorb. §§ 607ff. Rn.447f.

[43] Siehe hierzu *Canaris* Bankvertragsrecht Rn.1403-1405, 1428f.; Staudinger-*Hopt/Mülbert* Vorb.§§ 607ff. Rn.431, 484ff., insbes.491; Soergel-*Hönn* § 6 Anh. AbzG Rn.44, 46f., 56ff.; MünchKomm-*Westermann* § 6 AbzG Rn.55ff.

[44] Die Subsidiarität des Einwendungsdurchgriffs ist umstritten. Grundsätzlich bejaht wird eine Subsidiarität von der st.Rspr. (Nachw. oben in Fn.25), *Canaris* Bankvertragsrecht Rn.1403-1405, 1428f.; Staudinger-*Hopt/Mülbert* Vorb. §§ 607ff. Rn.431, 491; Soergel-*Hönn* § 6 Anh. AbzG Rn.44. Für einen uneingeschränkten Einwendungsdurchgriff demgegenüber (vor allem auf dem Boden der Einheitstheorie) *Larenz* SchuldR II § 63 I a = S.444ff.; *Vollkommer* FS Larenz, S.703, 713ff.; *Fikentscher* SchuldR § 71 V 6 b bb = S.480; *Gernhuber* FS Larenz, S.455, 484ff.; *Reinicke/Tiedtke* S.399f.; MünchKomm-*Westermann* § 6 AbzG Rn.69ff., insbes.72; Palandt-*Putzo* Anh. zu § 6 AbzG Anm.4; *Gundlach* S.234f.

[45] Vgl. BGH vom 28.5.1984, NJW 1984, 2816, 2817; BGH vom 25.3.1982, BGHZ 83, 301, 303f.; Staudinger-*Hopt/Mülbert* Vorb.§§ 607ff. Rn.431 m.w.N.

[46] Aus der Rspr. vgl. etwa BGH vom 18.1.1973, NJW 1973, 452, 453; BGH vom 23.2.1977, BGHZ 68, 118, 122; BGH vom 18.1.1979, NJW 1979, 2194, 2195; BGH vom 28.5.1984, NJW 1984, 2816, 2818; BGH vom 19.9.1985, BGHZ 95, 350, 352; w. Nachw. bei Staudinger-*Hopt/Mülbert* Vorb.§§ 607ff. Rn.491.

[47] Vgl. etwa BGH vom 16.12.1982, WM 1983, 212.

[48] Vgl. etwa BGH vom 20.11.1986, NJW 1987, 1813, 1814 (mehrjährige Freiheitsstrafe des Verkäufers).

[49] Vgl. etwa BGH vom 20.2.1967, BGHZ 47, 233f., 241.

§ 7 Die Überlassung durch mehrere Lieferanten

Kauf und Darlehen nicht aufgeklärt hat.[50] Zum anderen sind hier die Fälle der Anfechtung (nur des Kaufvertrags[51]) aufgrund arglistiger Täuschung[52] bzw. der Nichtigkeit wegen Sittenwidrigkeit des Kaufvertrags[53] zu erwähnen. Umstritten ist, in welchen Fällen darüber hinaus ein unmittelbarer Durchgriff in Frage kommt.[54]

c) Nach der ständigen Rechtsprechung[55] ist der Einwendungsdurchgriff **analog § 8 AbzG** davon abhängig, daß der Käufer *nicht als Kaufmann ins Handelsregister eingetragen* ist. Mit der herrschenden Ansicht in der Literatur[56] ist diese Analogie jedoch **abzulehnen**. Abgesehen davon, daß die in § 8 vorgenommene Abgrenzung schon im unmittelbaren Anwendungsbereich des Abzahlungsgesetzes als unbefriedigend empfunden wird,[57] enthält das AbzG für die Problematik des Einwendungsdurchgriffs auch keinerlei

---

[50] Vgl. *Canaris* Bankvertragsrecht Rn.1431; *ders.* ZIP 1980, 709, 721; Soergel-*Hönn* § 6 Anh. AbzG Rn.58; MünchKomm-*Westermann* § 6 AbzG Rn.57; i.E. ebenso, aber mit anderer Begründung (Schadensersatzanspruch aus c.i.c.) Staudinger-*Hopt/Mülbert* Vorb.§§ 607ff. Rn.505. Zum (problematischen) Verhältnis von Einwendungsdurchgriff und Aufklärungspflichten vgl. *Canaris* Bankvertragsrecht Rn.1484; Soergel-*Hönn* § 6 Anh. AbzG Rn.58; kritisch zu den Vorgenannten Staudinger-*Hopt/Mülbert* Vorb. §§ 607ff. Rn.503ff.

[51] Wird auch der Darlehensvertrag aufgrund arglistiger Täuschung des Verkäufers angefochten (was in aller Regel deshalb möglich ist, weil der Verkäufer im Verhältnis zwischen Käufer und Darlehensgeber nicht Dritter i.S.v. § 123 Abs.2 S.1 BGB ist) bedarf es keines Rückgriffs auf die Grundsätze des Einwendungsdurchgriffs, vgl. *Canaris* Bankvertragsrecht Rn.1433.

[52] Vgl. *Canaris* Bankvertragsrecht Rn.1432f.; Staudinger-*Hopt/Mülbert* Vorb.§§ 607ff. Rn.486; Soergel-*Hönn* § 6 Anh. AbzG Rn.59; MünchKomm-*Westermann* § 6 AbzG Rn.52; BGH vom 20.2.1967, BGHZ 47, 233; BGH vom 7.2.1980, NJW 1980, 1155, 1157.

[53] Vgl. *Canaris* Bankvertragsrecht Rn.1432, 1435; Staudinger-*Hopt/Mülbert* Vorb.§§ 607ff. Rn.486; Soergel-*Hönn* § 6 Anh. AbzG Rn.59; MünchKomm-*Westermann* § 6 AbzG Rn.50; BGH vom 20.3.1980, NJW 1980, 1514, 1516f.; BGH vom 7.2.1980, NJW 1980, 1155, 1157.

[54] Nach *Canaris* (Bankvertragsrecht Rn.1432, 1435 und ZIP 1980, 709, 721) soll ein unmittelbarer Einwendungsdurchgriff bei besonders schweren Mängeln des finanzierten Geschäfts zugelassen werden; gegen eine Differenzierung nach der Schwere des Vorwurfs gegen den Verkäufer MünchKomm-*Westermann* § 6 AbzG Rn.52 a.E.; für eine Ausdehnung des unmittelbaren Durchgriffs auf alle Fälle der Nichtigkeit Soergel-*Hönn* § 6 Anh. AbzG Rn.59; einschränkend auf Nichtigkeitsnormen mit käuferschützendem Charakter Staudinger-*Hopt/Mülbert* Vorb.§§ 607ff. Rn.486.

[55] Vgl. etwa BGH vom 20.11.1987, NJW 1987, 1813, 1814; BGH vom 28.5.1984, NJW 1984, 2816, 2817; BGH vom 25.3.1982, BGHZ 83, 301, 303; BGH vom 20.3.1980, NJW 1980, 1514, 1515; BGH vom 20.2.1967, BGHZ 47, 233, 237; zust. Palandt-*Putzo* § 8 AbzG Anm.2. Weitere Rspr.Nachw. bei Staudinger-*Hopt/Mülbert* Vorb.§§ 607ff. Rn.492.

[56] Vgl. *Canaris* Bankvertragsrecht Rn.1447, 1483; Staudinger-*Hopt/Mülbert* Vorb.§§ 607ff. Rn.492; *Reinicke/Tiedtke* S.398, 401f.; Soergel-*Hönn* § 6 Anh. AbzG Rn.48; MünchKomm-*Westermann* § 8 AbzG Rn.6; Erman-*Weitnauer/Klingsporn* § 8 AbzG Rn.1.

[57] Vgl. die Kritik von Soergel-*Hönn* § 8 AbzG Rn.1; MünchKomm-*Westermann* § 8 AbzG Rn.1ff.

Wertungen.[58] Die Unabhängigkeit von AbzG und Einwendungsdurchgriff wird schließlich auch in jüngeren Entscheidungen des *BGH* betont, wenn das Gericht darauf hinweist, daß der Einwendungsdurchgriff sich "nicht auf Abzahlungskäufe i.S. des § 1 AbzG oder auf Konsumentenkredite (beschränkt), sondern - bei gleicher Interessenlage - auch bei fremdfinanzierten Geschäften anderer Art möglich und sogar bei Kauf- und Werkverträgen, die dem Ziel langfristiger Vermögensbildung dienen, nicht ausgeschlossen" ist;[59] demgegenüber erscheint das gleichzeitige Festhalten des *BGH* an der Analogie zu § 8 AbzG als eine Inkonsequenz, die einer sachlichen Rechtfertigung entbehrt. Ein Einwendungsdurchgriff kommt daher auch in Betracht, wenn der Käufer als Kaufmann im Handelsregister eingetragen ist.

2. Übertragung der Grundsätze auf die Überlassung von Hard- und Software durch mehrere Lieferanten

a) Die dogmatische Einordnung des Einwendungsdurchgriffs ist überaus umstritten.[60] Die **Rechtsprechung** hat neben der Rechtsfigur der *culpa in contrahendo*,[61] gegen die eingewendet worden ist, sie könne nur mit Hilfe einer Kausalitätsfiktion die angestrebten Ergebnisse rechtfertigen,[62] im wesentlichen[63] die Grundsätze von *Treu und Glauben* (§ 242 BGB)[64] herangezogen. In der **Literatur** ist auf dem Boden der Trennungstheorie zum Teil versucht worden, mit einer analogen Anwendung des *§ 139*,[65] des

---

[58] Näher *Canaris* Bankvertragsrecht Rn.1447, 1483; vgl. auch Staudinger-*Hopt/Mülbert* Vorb.§§ 607ff. Rn.492; *Reinicke/Tiedtke* S.398, 401f.; Soergel-*Hönn* § 6 Anh. AbzG Rn.42; MünchKomm-*Westermann* § 8 AbzG Rn.6.

[59] BGH vom 20.11.1986, NJW 1987, 1813, 1814; ähnlich BGH vom 28.5.1984, NJW 1984, 2816, 2818; vgl. hierzu auch *Canaris* Bankvertragsrecht Rn.1483 2.Abs.

[60] Einen Überblick über die verschiedenen Meinungen geben Staudinger-*Hopt/Mülbert* Vorb.§§ 607ff. Rn.409-427; vgl. auch *Canaris* Bankvertragsrecht Rn.1418-1425.

[61] Vgl. etwa BGH vom 20.2.1967, BGHZ 47, 207, 211; weitere umfangr. Rspr.Nachw. bei Staudinger-*Hopt/Mülbert* Vorb. §§ 607ff. Rn.412.

[62] Vgl. *Canaris* Bankvertragsrecht Rn.1423 Abs.2; Staudinger-*Hopt/Mülbert* Vorb.§§ 607ff. Rn.414.

[63] Zum Begründungsansatz nach § 6 AbzG vgl. Staudinger-*Hopt/Mülbert* Vorb.§§ 607ff. Rn.410f.

[64] Vgl. etwa BGH vom 5.4.1962, BGHZ 37, 94, 99; BGH vom 25.3.1982, BGHZ 83, 301, 303f.; weitere umfangr. Rspr.Nachw. bei Staudinger-*Hopt/Mülbert* Vorb.§§ 607ff. Rn.417.

[65] Vgl. *Fikentscher* SchuldR § 71 V 6 b bis zur 4.Aufl.; weitere Nachw. bei *Hörter* S.220 Fn.786.

*§ 273*⁶⁶ sowie des *§ 404 BGB*⁶⁷ zu arbeiten, was sich jedoch nicht durchgesetzt hat, da die zuvor postulierten Unterschiede zwischen Einheits- und Trennungstheorie bei diesen Begründungsansätzen im Ergebnis weitgehend aufgehoben werden.⁶⁸ Daneben wird verschiedentlich auf die Grundsätze der *Geschäftsgrundlage*,⁶⁹ die Lehre von der *Zweckverfehlung*⁷⁰ sowie die *causa*-Lehre⁷¹ verwiesen. Teilweise wird bewußt auf dogmatische Konstruktionen verzichtet und statt dessen auf *allgemeine Wertungen* zurückgegriffen.⁷²

b) Allen soeben erwähnten Ansichten ist gemeinsam, daß sie die **grundsätzliche Notwendigkeit** eines Einwendungsdurchgriffs nicht in Frage stellen.⁷³ In der Tat besteht ein unabweisbares Bedürfnis, in bestimmten Fällen bei Dreiecksbeziehungen der oben 1 erörterten Art das ohne Einwendungsdurchgriff erzielte Ergebnis zu korrigieren. Die *Begründung* für die Notwendigkeit einer Korrektur ist jedoch von dem *konkreten Inhalt* der zu beurteilenden Rechtsbeziehungen zwischen den beteiligten Personen *unabhängig*: die Zubilligung eines Einwendungsdurchgriffs kann nicht damit begründet werden, daß die Parteien einen finanzierten Abzahlungskauf geschlossen haben. Bezeichnend für diesen Umstand ist zum einen, daß keine der oben a erwähnten Auffassungen die Wertungen des AbzG für maßgeblich erachtet,⁷⁴ zum anderen daß der Anwendungsbereich des Einwendungsdurchgriffs ständig erweitert wird,⁷⁵ ohne daß hiergegen grundsätz-

---

⁶⁶ Vgl. *Larenz* FS Michaelis, S.193, 202f.; *ders.* SchuldR II § 63 I a = S.446.

⁶⁷ Vgl. *Marschall v. Bieberstein* S.133ff.

⁶⁸ Vgl. auch die eingehende Kritik von *Canaris* Bankvertragsrecht Rn.1419, 1421, 1422; ablehnend auch Staudinger-*Hopt/Mülbert* Vorb.§§ 607ff. Rn.421; *Hörter* S.220ff. (betr. § 139 BGB); *Vollkommer* FS Larenz S.703, 710f.(betr. § 404 BGB).

⁶⁹ Vgl. *Larenz* FS Michaelis, S.203ff.; *Ostler-Weidner* Anh. § 6 AbzG Anm.156, 164. Zwiespältig ist die Auffassung von *Canaris*, der einerseits einen "Rückgriff auf die Lehre von der Geschäftsgrundlage" zulassen will (Bankvertragsrecht Rn.1420, 1425), andererseits aber den "Einwendungsdurchgriff kraft Rechtsmißbrauchs" als eigenständige Rechtsfigur ansieht (FS Fischer S.31, 48; Bankvertragsrecht Rn.1425; ZIP 1980, 709, 720f.).

⁷⁰ Vgl. *Esser* FS Kern, S.87, 108; *Esser/Weyers* § 9 III 3 a = S.102.

⁷¹ Vgl. *Gundlach* S.210ff.; wohl auch MünchKomm-*Westermann* § 6 AbzG Rn.49 Fn.142.

⁷² Vgl. Soergel-*Hönn* AbzG Anh. § 6 Rn.43.

⁷³ Vgl. auch Soergel-*Hönn* AbzG Anh. § 6 Rn.43 a.E.

⁷⁴ Zur Inkonsequenz der Rspr., den Anwendungsbereich des Einwendungsdurchgriffs einerseits weit über das AbzG hinaus zu erweitern und andererseits zugleich durch die Analogie zu § 8 AbzG einzuschränken siehe oben 1 c.

⁷⁵ Vgl. die Nachweise bei Staudinger-*Hopt/Mülbert* § 607 Rn.381; *Canaris* Bankvertragsrecht Rn.1483.

liche Bedenken erhoben werden.[76] Ebensowenig ist eine Beschränkung auf alle (darlehens-)finanzierten Geschäfte begründbar.[77] In Wahrheit stellt der Einwendungsdurchgriff nämlich die Antwort auf das ganz *generelle* Problem dar, *unter welchen Voraussetzungen Einwendungen gegen einen Dritten dem eigenen Vertragspartner entgegengehalten werden können*.[78] Eine *Fallgruppe* dieses allgemeinen Einwendungsdurchgriffs wird gebildet durch die beim finanzierten Abzahlungskauf und bei der Überlassung von Hard- und Software durch mehrere Lieferanten identische *Ausgangslage*:[79] Durch Abschluß mehrerer Verträge mit unterschiedlichen Vertragspartnern soll ein bestimmter, von allen Parteien erkannter und gewollter Erfolg herbeigeführt werden, wobei die Berechtigung eines Einwendungsdurchgriffs aus dem *Zusammenwirken der beiden nicht notwendig rechtsgeschäftlich verbundenen Parteien* folgt.[80] Der Grundsatz der Subsidiarität trägt dabei dem Umstand Rechnung, daß es sich bei dem Einwendungsdurchgriff um ein Institut handelt, welches nur in Ausnahmefällen herangezogen werden kann.[81]

Gerade im Hinblick auf die Einordnung des Einwendungsdurchgriffs als Lösungsmodell eines *generellen Problems*, das schuldrechtlicher Natur ist, für welches aber die an dem Grundsatz der Relativität der Schuldverhältnisse ausgerichteten einzelnen schuldrechtlichen Regelungen des BGB keine befriedigende Lösung enthalten, erscheint es angebracht, diesen dogmatisch als ein **allgemeines Rechtsinstitut** einzuordnen, dessen Grundlage § 242 BGB ist.[82] Eine derartige Einordnung kommt zudem der Natur des Einwendungsdurchgriffs als einem im Wege der Rechtsfortbildung

---

[76] Nachweise über die zustimmenden Stellungnahmen in der Literatur z.B. bei *Baudenbacher* JZ 1985, 661, 665 Fn.50.

[77] So aber wohl Staudinger-*Hopt/Mülbert* § 607 Rn.381 (unter zumindest mißverständlicher Berufung auf *Canaris* Bankvertragsrecht Rn.1425, wo darauf hingewiesen wird, daß der Einwendungsdurchgriff in unterschiedlichen Formen gerade auch in anderem Zusammenhang vorkommt).

[78] Vgl. hierzu auch *Canaris* (FS Fischer S.31, 48 sowie ZIP 1980, 709, 720f.), der den "Einwendungsdurchgriff kraft Rechtsmißbrauchs" als ein allgemeines privatrechtliches Institut einordnet, dem neben der soeben im Text erwähnten Funktion die weitere Aufgabe zukommt, ausnahmsweise Einwendungen aus der Rechtsstellung eines Dritten selbst geltend machen zu können.

[79] Vgl. auch *Pander* IuR 1987, 408, 409; OLG Hamm vom 12.4.1989, BB-Beil.15/1989, S.8f.

[80] Vgl. hierzu auch den Ansatz einer Fallgruppenbildung der verschiedenen Erscheinungsformen des Einwendungsdurchgriffs von *Canaris* in FS Fischer S.31, 48 Fn.52 sowie ZIP 1980, 709, 720f. mit Fn.62.

[81] Vgl. hierzu auch Soergel-*Hönn* § 6 Anh. AbzG Rn.44.

[82] Vgl. hierzu auch *Canaris* Bankvertragsrecht Rn.1425; FS Fischer S.31, 48 sowie ZIP 1980, 709, 720f.; *v. Reinersdorff* S.112ff.

entwickelten Institut entgegen. Dabei wird der bei der Heranziehung des § 242 BGB naheliegende Vorwurf unbestimmter, Rechtsunsicherheit erzeugender Einzelfallgerechtigkeit dann entkräftet, wenn durch eine tatbestandlich genaue Abgrenzung der einzelnen Voraussetzungen der Anwendungsbereich des Einwendungsdurchgriffs für die am Rechtsverkehr beteiligten Personen vorhersehbar ist.

c) Im folgenden soll nunmehr versucht werden, die einzelnen **tatbestandlichen Voraussetzungen** des Einwendungsdurchgriffs bei der Überlassung von Hard- und Software durch mehrere Lieferanten unter besonderer Berücksichtigung der zum finanzierten Abzahlungskauf entwickelten Kriterien zu präzisieren.

aa) Danach müssen Hard- und Softwareüberlassung dergestalt ein **wirtschaftlich einheitliches Geschäft** darstellen, daß kein Vertrag ohne den anderen geschlossen sein würde.

Als relevante Verbindungsmerkmale sind zunächst diejenigen Umstände auszusondern, die bei jeder Überlassung von Hard- und Software technisch zwingend vorhanden sein müssen. Hierbei handelt sich vor allem um *technische Eckdaten*, die einen gemeinsamen Einsatz von Hard- und Software *generell* ermöglichen. Beispielhaft sei hier die Wahl des Betriebssystems und die Größe des Arbeitsspeichers genannt. Erschöpft sich das Zusammenwirken beider Lieferanten auf eine Abstimmung über diese Umstände, führt dies noch nicht zur Annahme eines wirtschaftlich einheitlichen Geschäfts; erst ein intensiveres Zusammenwirken wird die Einordnung beider Verträge als wirtschaftlich einheitliches Geschäft zur Folge haben.

(1) In Anlehnung an die zum finanzierten Abzahlungskauf entwickelten Kriterien erscheint es angebracht, zum einen auf die *Einflußnahme des Hardwarelieferanten auf die Auswahl des Softwarelieferanten (und umgekehrt) durch den Anwender* abzustellen.[83] Relevant werden hier vor allem die Fälle, in denen ein Anwender sich zur Lösung eines Datenverarbeitungsproblems an ein Softwareunternehmen wendet und dieses seinerseits einen Hardwarehersteller *hinzuzieht, vermittelt oder empfiehlt*.[84] Da der übergroße Teil der Anwender im Bereich der EDV über keinerlei Erfahrungswissen verfügt, führen Empfehlungen durch einen Lieferanten in aller Regel dazu, daß die Anwender mit dem empfohlenen Lieferanten kontrahieren, ohne

---

[83] Ähnlich *Pander* IuR 1987, 410.

[84] Für *Moritz/Tybusseck* (Rn.80) besteht in diesen Fällen "Anlaß, rechtliche Einheit sorgfältig zu prüfen".

weitere Vergleiche vorzunehmen. Daher werden in der Praxis *Abschlußprämien* für erfolgreiche Vermittlungen gezahlt. Jedoch wird die Vereinbarung derartiger Prämien nicht als notwendige Voraussetzung eines Einwendungsdurchgriffs anzusehen sein, zumal dieser Umstand dem Anwender in der Regel verborgen bleibt.[85]

Dieser Konstellation sind die Fälle gegenüberzustellen, in denen der Anwender bei der Auswahl des anderen Lieferanten "auf eigene Faust" handelt.[86]

(2) Neben der Einflußnahme auf die Auswahl des jeweils anderen Lieferanten muß ein Zusammenwirken von Hard- und Softwarelieferant hinzutreten, welches eine *faktische Bindung des Anwenders an beide Lieferanten* zur Folge hat. Eine solche Bindung tritt dann ein, wenn beide Lieferanten in *gemeinsam* geführten Verhandlungen an der Erstellung eines *Pflichtenhefts* mitgewirkt oder über die technischen Eckdaten hinaus *umfangreiche Abstimmungen* vorgenommen haben. In diesen Fällen ist es dem Anwender zwar theoretisch möglich, einen (oder u.U. sogar beide) Lieferanten durch andere Vertragspartner zu ersetzen, aufgrund des damit verbundenen Mehraufwands, insbesondere der zu erwartenden Mehrkosten (Erstellung eines neuen Pflichtenhefts u.s.w.) wird er vor diesem Schritt allerdings zurückweichen.

Sind die soeben unter (1) und (2) erwähnten Voraussetzungen erfüllt, stellen Hard- und Softwareüberlassung eine *wirtschaftliche Einheit* dar, die einen Einwendungsdurchgriff bei Vorliegen der weiteren Voraussetzungen rechtfertigen.

bb) Nach dem Grundsatz der **Subsidiarität des Einwendungsdurchgriffs** bleibt es dem Anwender - auch wenn sich Hard- und Softwareüberlassung im Einzelfall als wirtschaftlich einheitliches Geschäft darstellen - im Regelfall versagt, Einwendungen, die gegenüber einem Lieferanten bestehen, dem anderen Lieferanten entgegenzuhalten. Stellt sich beispielsweise die Software als mangelhaft heraus und wird deshalb der Vertrag mit dem Softwarelieferanten gewandelt, berührt dies den Hardwarevertrag nicht. Diese Lösung verteilt das Risiko der Beteiligten angemessen, da (im Beispielsfall) der (Hardware-)Lieferant ein berechtigtes und nachvollziehbares Interesse daran hat, nicht in Streitigkeiten des Anwenders mit dem anderen Lie-

---

[85] Unklar insofern *Pander* IuR 1987, 408, 410f.
[86] Ebenso wohl auch *Moritz/Tybusseck* Rn.79.

feranten hineingezogen zu werden; in ihr kommt die Eigenständigkeit der Verträge und der Umstand, daß es sich um verschiedene Vertragspartner handelt, zum Ausdruck.

Anders ist jedoch zu entscheiden, falls es dem Anwender *unzumutbar* oder *unmöglich* ist, den Softwarelieferanten in Anspruch zu nehmen, etwa weil dieser in Konkurs oder Vermögensverfall geraten ist. Hier droht eine Rechtlosstellung des Anwenders, die auf einer *unangemessenen Risikoverteilung* beruht. Das in der EDV-Branche aufgrund der ständigen technischen Innovationen als hoch anzusiedelnde Konkursrisiko der einzelnen Unternehmen dem Anwender aufzuerlegen ist deshalb unbillig, weil dieser als EDV-Laie in der Regel den technischen Standard der einzelnen Produkte der Lieferanten gar nicht beurteilen kann. Im Gegensatz dazu verfügen die einzelnen Lieferanten ausnahmslos über das hierfür erforderliche technische Know-how. Zudem arbeitet ein Großteil der Hard- und Softwarelieferanten zusammen[87] und hat deshalb auch einen wesentlich besseren Einblick in die wirtschaftliche Situation sowie die Bonität des jeweils anderen Lieferanten als der Anwender. In diesem Zusammenhang ist besonders darauf hinzuweisen, daß nicht selten Hardwarehersteller Softwarehäuser aufkaufen und diese sodann weiter unter eigenem Namen anbieten lassen bzw. Systemhäuser mehrere Firmen mit ähnlichem Namen gründen, die jeweils Hard- und Software eigenständig vertreiben.[88] All diese Umstände rechtfertigen es, ausnahmsweise bei Konkurs eines Lieferanten oder in vergleichbaren Fällen einen Einwendungsdurchgriff des Anwenders zu Lasten des anderen Lieferanten zuzulassen.

Darüber hinaus ist ein **unmittelbarer Einwendungsdurchgriff** dann in Betracht zu ziehen, falls einer der Lieferanten gegenüber dem Anwender eine *arglistige Täuschung* begangen hat. Denn ebenso wie beim finanzierten Abzahlungskauf der Verkäufer im Verhältnis zwischen Bank und Kreditnehmer nicht als Dritter im Sinne von § 123 Abs.2 S.1 BGB anzusehen ist,[89] gilt dies hier für den täuschenden Lieferanten im Verhältnis zwischen Anwender und anderem Lieferanten. Begründen läßt sich das (wie beim finanzierten Abzahlungskauf) mit der Beteiligung am Zustandekommen des jeweils

---

[87] Ein Bestandteil dieser Zusammenarbeit sind oftmals die bereits oben erwähnten Abschlußprämien.
[88] Vgl. *Zahrnt* BB 1988, 1687, 1692.
[89] Vgl. *Canaris* Bankvertragsrecht Rn.1432f.; Staudinger-*Hopt/Mülbert* Vorb.§§ 607ff. Rn.486; Soergel-*Hönn* § 6 Anh. AbzG Rn.59; MünchKomm-*Westermann* § 6 AbzG Rn.52; BGH vom 20.2.1967, BGHZ 47, 233; BGH vom 7.2.1980, NJW 1980, 1155, 1157.

anderen Geschäfts sowie der wirtschaftlichen Einheit der beiden Geschäfte.[90]

d) Sind die tatbestandlichen Voraussetzungen erfüllt, kann der Anwender dem Lieferanten die Einwendungen entgegenhalten, die ursprünglich gegenüber dem in Konkurs gegangenen Lieferanten bestanden. Im Beispielsfall kann der Anwender daher dem Hardwarelieferanten die Mangelhaftigkeit der Software, die zum endgültigen Scheitern des Softwarevertrags geführt hat, entgegenhalten. Dies hat zur Folge, daß der Hardwarevertrag hinfällig wird und die Parteien die einander gewährten Leistungen zurückzugewähren haben.

IV. Grundsätze des Fehlens oder Wegfalls der Geschäftsgrundlage

1. Sowohl in der Literatur[91] als auch in der Rechtsprechung[92] wird bei Überlassung von Hard- und Software durch mehrere Lieferanten eine Verbindung der verschiedenen Verträge über die Grundsätze der Geschäftsgrundlage in Betracht gezogen. Lediglich *Zahrnt* geht jedoch darauf ein, unter welchen konkreten Voraussetzungen eine solche Verbindung bejaht werden kann. Nach seiner Auffassung ist auf "zwei maßgebliche Faktoren abzustellen, die sich substituieren": zum einen sei dies "das gemeinsame Auftreten beider Lieferanten, das den Willen zur Koppelung demonstriert", zum anderen "die Zusammengehörigkeit der Leistungen (enger zeitlicher und sachlicher Zusammenhang)".[93] Dabei decken sich nach seiner Ansicht "die Bereiche weitgehend, in denen man mit der Geschäftsgrundlage und dem Einwendungsdurchgriff argumentieren kann".[94] Auch zeige sich, "daß die Unterschiede zwischen Gesamtrechtsgeschäft[95] und Geschäftsgrundlage nicht gravierend" seien.[96]

---

[90] Vgl. Soergel-*Hefermehl* § 123 Rn.33.

[91] Vgl. *Köhler* in Lehmann Rn.130; *Zahrnt* BB 1988, 1687, 1690ff.; ders. DV-Verträge: Rechtsfragen, S.120ff.; *J.Schneider* Praxis D 182; wohl auch *Moritz/Tybusseck* Rn.73f.

[92] Vgl. OLG Hamm vom 12.4.1989, BB-Beil.15/1989, S.8f.

[93] Vgl. *Zahrnt* BB 1988, 1687, 1691f.; ders. DV-Verträge: Rechtsfragen, S.122.

[94] Vgl. *Zahrnt* BB 1988, 1687, 1692.

[95] Gemeint ist ein einheitliches Rechtsgeschäft im Sinne von § 139 BGB.

[96] Vgl. *Zahrnt* BB 1988, 1687, 1692. Diese Aussage steht allerdings im Widerspruch zu der an anderer Stelle (DV-Verträge: Gestaltung, S.125 Abbildung "Verträge mit zwei Lieferanten"; ebenso wohl auch IuR 1987, 235f.) geäußerten Auffassung, die an eine Geschäftsgrundlage zu stellenden Voraussetzungen seien geringer als diejenigen, die an ein einheitliches Rechtsgeschäft zu stellen seien.

§ 7 Die Überlassung durch mehrere Lieferanten

2. In der Tat liegt es nahe, bei der Überlassung durch zwei Lieferanten die bereits oben § 6 III erörterte Lehre von der Geschäftsgrundlage heranzuziehen. Der von allen Parteien erkannte und gewollte Erfolg eines gemeinsamen Einsatzes von Hard- und Software, der durch den Abschluß mehrerer Verträge mit unterschiedlichen Vertragspartnern herbeigeführt werden soll, läßt sich, falls er nicht Vertragsbestandteil geworden ist, durchaus als Geschäftsgrundlage der verschiedenen Verträge begreifen. Auch fällt diese Geschäftsgrundlage weg, wenn etwa der Softwarevertrag aufgrund mangelhafter Softwareüberlassung gewandelt wird.[97] Das eigentliche Problem bei Heranziehung der *Lehre von der Geschäftsgrundlage* liegt jedoch darin, ihr *Verhältnis zum Einwendungsdurchgriff* zu bestimmen.

Geschäftsgrundlage und Einwendungsdurchgriff haben nicht nur gemeinsam, daß es sich um Institute mit Ausnahmecharakter[98] handelt. Auch können beide als eine Konkretisierung der Grundsätze von Treu und Glauben gemäß § 242 BGB aufgefaßt werden.[99] Zudem wird teilweise[100] versucht, mit Hilfe der Lehre von der Geschäftsgrundlage den Einwendungsdurchgriff dogmatisch zu begründen. All diese Umstände rechtfertigen es, beide Institute als "weitgehend auswechselbare dogmatische Kategorien"[101] anzusehen. Konsequenterweise müssen dann aber Voraussetzungen und Rechtsfolgen beider Institute aufeinander abgestimmt werden; und insbesondere dürfen - in Anlehnung an eine Formulierung von *Canaris*[102] - Einschränkungen, die für den Einwendungsdurchgriff aufgestellt worden sind, mit Hilfe der Lehre von der Geschäftsgrundlage nicht wieder rückgängig gemacht werden.[103] Erreicht werden kann dieses Ergebnis auf *zwei Wegen*. Einmal kann man innerhalb der hier behandelten Fallgruppe des Einwendungsdurchgriffs - d.h. immer dann, wenn durch Abschluß mehrerer Verträge mit unterschied-

---

[97] Es handelt sich hier um die Fallgruppe der Zweckvereitelung; siehe dazu nur *Larenz* SchuldR I § 21 II = S.326ff.

[98] Siehe hierzu *Lieb* JZ 1982, 561, 563.

[99] Vgl. nur *Canaris* NJW 1982, 305, 309.

[100] Vgl. die Nachw. oben in Fn.69.

[101] So die Formulierung von *Canaris* NJW 1982, 305, 308f.

[102] Vgl. *Canaris* NJW 1982, 305, 309.

[103] Die hier erörterte Problematik ist aus dem Bereich des Finanzierungsleasing bekannt. Dort hat der BGH in zwei Entscheidungen beide Institute unverbunden nebeneinandergestellt (BGH vom 23.2.1977, BGHZ 68, 118, 120; wesentlich zurückhaltender BGH vom 28.10.1981, WM 1982, 7, 8), was in der Literatur stark kritisiert worden ist (*Canaris* NJW 1982, 305, 308f.; *ders.* AcP 190 (1990) 410, 420; zust. Soergel-*Hönn* § 6 Anh. AbzG Rn.76; krit. auch *Lieb* JZ 1982, 561, 563; *Hadding* S.324f.). In neuerer Zeit zieht der BGH die Lehre vom Einwendungsdurchgriff beim Finanzierungsleasing nicht mehr heran.

lichen Vertragspartnern ein bestimmter, von allen Parteien erkannter und gewollter Erfolg herbeigeführt werden soll - den Einwendungsdurchgriff als spezielleres Rechtsinstitut auffassen, das einen Rückgriff auf die Lehre von der Geschäftsgrundlage verbietet. Wesentlich näher liegt es aber, die zum Einwendungsdurchgriff entwickelten Kriterien bei der Ausfüllung des Tatbestands der Lehre von der Geschäftsgrundlage heranzuziehen. Im konkreten Fall bedeutet dies, daß der gemeinsame Einsatz der von verschiedenen Lieferanten im Rahmen mehrerer Verträge überlassenen Hard- und Software zwar Geschäftsgrundlage der jeweiligen Überlassungsverträge geworden ist. Auch entfällt diese dann, wenn aufgrund der Mangelhaftigkeit einer Komponente der Vertrag mit einem Lieferanten rückgängig gemacht wird. Eine Berufung auf den Fortfall der Geschäftsgrundlage kommt jedoch nur dann in Betracht, falls es dem Anwender *unzumutbar*[104] ist, an der Vereinbarung mit dem anderen Lieferanten festgehalten zu werden. Dabei ist das ohnehin ausfüllungsbedürftige *allgemeine Merkmal der Unzumutbarkeit* im Rahmen der Geschäftsgrundlage bei Mehrpersonenverhältnissen der hier vorliegenden Art dann erfüllt, falls Hard- und Softwareüberlassung ein wirtschaftlich einheitliches Rechtsgeschäft darstellen und zusätzlich eine unangemessene Risikoverteilung dergestalt vorliegt, daß es dem Anwender unzumutbar oder unmöglich ist, den Lieferanten der mangelhaften Leistung in Anspruch zu nehmen.

Daß dem Begriff der Unzumutbarkeit hierbei eine doppelte Bedeutung beigemessen wird, ist nicht etwa ein Nachteil, sondern gerade im Gegenteil ein Vorteil dieser Lösung: Die Einschränkung der Berufung auf den Fortfall der Geschäftsgrundlage durch das allgemein anerkannte[105] Erfordernis der Unzumutbarkeit ist nämlich allein im Hinblick auf Zweipersonenverhältnisse entwickelt worden und berücksichtigt folglich die Besonderheiten von Dreipersonenverhältnissen der hier vorliegenden Art nicht. Diesem Umstand trägt die hier vertretene Lösung Rechnung, indem sie die Beziehungen der nicht rechtsgeschäftlich verbundenen Parteien in die Wertung miteinbezieht und erst auf dieser Grundlage die Angemessenheit der Risikoverteilung beurteilt.

---

[104] Zur Funktion des Merkmals der Unzumutbarkeit als weiterer Voraussetzung des Wegfalls der Geschäftsgrundlage vgl. BGH vom 29.1.1957, WM 1957, 401, 402f.; BGH vom 1.10.1975, WM 1975, 1131, 1132; *Fikentscher* Geschäftsgrundlage, S.17-19; *Chiotellis* S.29-39; Soergel-*Teichmann* § 242 Rn.245ff.

[105] Vgl. nur Soergel-*Teichmann* § 242 Rn.245.

3. Zusammenfassend läßt sich somit sagen, daß der Anwender sich immer (und nur) dann auf den Wegfall der Geschäftsgrundlage berufen kann, wenn die Voraussetzungen des Einwendungsdurchgriffs vorliegen. Nach der hier vertretenen Auffassung weisen daher die von *Zahrnt*[106] für maßgeblich erachteten Faktoren des gemeinsamen Auftretens beider Lieferanten bzw. der Zusammengehörigkeit der Leistungen durchaus in die richtige Richtung. Sie berücksichtigen jedoch nur einen Teil der erforderlichen Voraussetzungen - nämlich den einer wirtschaftlichen Einheit der verschiedenen Rechtsgeschäfte - und sind auch in diesem Bereich viel zu unscharf und durch die oben bei der Erörterung des Einwendungsdurchgriffs entwickelten Kriterien[107] zu ersetzen. Darüber hinaus ist eine Berufung auf den Wegfall der Geschäftsgrundlage nur dann möglich, wenn zusätzlich eine unangemessene Risikoverteilung vorliegt, was zu bejahen ist, wenn es dem Anwender unzumutbar oder unmöglich ist, den Lieferanten der mangelhaften Leistung in Anspruch zu nehmen.

§ 8 Die Teilfinanzierung über eine Leasinggesellschaft

I. Darstellung der Ausgangssituation

Oftmals kommen Anwender und Lieferant überein, die Überlassung der EDV-Anlage im Rahmen eines Leasingvertrags zu finanzieren.[108] Hierbei sind zwei verschiedene Fallkonstellationen zu unterscheiden.

1. Werden Hard- *und* Software über eine Leasinggesellschaft finanziert, beurteilt sich die Frage der Zusammengehörigkeit der einzelnen Vereinbarungen nach den oben im *zweiten Kapitel* dargestellten Grundsätzen. Die Überlassung erfolgt hier "aus einer Hand", nämlich der des Leasinggebers. Ob die Parteien einen einheitlichen (Leasing-)Vertrag oder mehrere (Leasing-) Verträge über Hard- und Software geschlossen haben, ist von den zwischen *ihnen* getroffenen Vereinbarungen abhängig. Hat der Anwender mit dem *Lieferanten* eine diesbezügliche Vereinbarung im Hinblick auf den Leasingvertrag getroffen, so ist diese nur wirksam, falls der Lieferant als

---

[106] Siehe oben 1.
[107] Siehe oben III 2 c aa (1) und (2).
[108] Vgl. nur BGH vom 20.6.1984, WM 1984, 1089ff.; BGH vom 1.7.1987, NJW 1988, 204ff.; BGH vom 30.9.1987, NJW 1988, 198ff.; BGH vom 27.4.1988, NJW 1988, 2465ff.

Stellvertreter des Leasinggebers gehandelt hat und er zur Abgabe einer solchen Erklärung bevollmächtigt war.

Auch wenn im Leasingvertrag nur die Hardware aufgeführt ist, Leasinggeber und Anwender allerdings als Anschaffungspreis der Hardware den ursprünglich zwischen Lieferant und Anwender vereinbarten Gesamtpreis für Hard- und Software angegeben haben, ist die Software Bestandteil des Leasingvertrags geworden; bei dem schriftlich niedergelegten Leasingvertrag handelt es sich dann um ein aus steuerlichen Gründen vorgenommenes Scheingeschäft, das gemäß § 117 Abs.1 BGB nichtig ist.[109]

2. In nicht wenigen Fällen wird jedoch *nur die Hardware im Wege des Finanzierungsleasing* überlassen. Bei einer solchen Teilfinanzierung stehen dem Anwender dann zwei Vertragspartner gegenüber: zum einen der ursprüngliche Lieferant der Hard- und Software als Vertragspartner der Softwareüberlassung, zum anderen der Leasinggeber der Hardware.[110] Diese Fallkonstellation soll im folgenden näher betrachtet werden.

II. Störungen im Rahmen der Hardwareüberlassung

Nach der ständigen Rechtsprechung des *BGH* entfällt beim Finanzierungsleasing die Geschäftsgrundlage des Leasingvertrags von Anfang an, falls der Kaufvertrag mit dem Lieferanten gewandelt wird.[111] Diese Rechtsprechung ist zwar (unter anderem[112]) deshalb äußerst bedenklich, weil sie die Sperrwirkung der vertraglich vereinbarten Regelung der Gewährleistung durch den Rückgriff auf die Lehre von der Geschäftsgrundlage mißachtet.[113] Sie soll aber dennoch den folgenden Ausführungen zugrunde gelegt werden, da eine Untersuchung der rechtlichen Behandlung des Finanzierungsleasing nicht nur den Umfang dieser Arbeit bei weitem sprengen würde, sondern auch vom Thema dieser Arbeit nicht mehr umfaßt

---

[109] Näher hierzu oben § 5 II 2 c dd.

[110] Zu dieser Konstellation siehe auch *Zahrnt* DV-Verträge: Rechtsfragen, S.123ff.; *ders.* IuR 1986, 59, 62f.; *von Westphalen* CR 1987, 477, 479ff.; *Brandi-Dohrn* Gewährleistung S.30f.

[111] Vgl. BGH vom 23.2.1977, BGHZ 68, 118, 126; BGH vom 16.9.1981, BGHZ 81, 298, 306f.; BGH vom 20.6.1984, WM 1984, 1089, 1092; BGH vom 25.10.1989, NJW 1990, 314, 315.

[112] Vgl. zur Rspr. des BGH insbesondere die eingehende Kritik von *Canaris* NJW 1982, 305ff.; *ders.* AcP 190 (1990) 410, 416ff., sowie *Lieb* JZ 1982, 561f.; *ders.* DB 1988, 2495ff.

[113] *Lieb* DB 1988, 2495, 2496; *Canaris* AcP 190 (1990) 410, 417ff.; vgl. auch *Hager* AcP 190 (1990) 324, 340.

wird und zudem für die rechtliche Behandlung der Einheit von Hard- und Software ohne Bedeutung ist.

Folgt man demnach dem von der Rechtsprechung zum Finanzierungsleasing vertetenen Lösungsmodell, so entfällt die Geschäftsgrundlage des Leasingvertrags über die Hardware dann, wenn der Kaufvertrag mit dem Lieferanten über die Hardware gewandelt wird. Inwieweit dieser Umstand sich auf den Softwareüberlassungsvertrag auswirkt, hängt ausschließlich von den zwischen *Anwender und Lieferant* getroffenen Vereinbarungen ab. Bedenken gegen die *Wirksamkeit* von Vereinbarungen, die eine Abhängigkeit des Softwarevertrags vom Hardwarevertrag zum Gegenstand haben, bestehen nicht, da der Leasinggeber der Hardware durch diese Vereinbarungen nicht berührt wird. Demnach läßt sich der Satz aufstellen: Soweit Anwender und Lieferant Vereinbarungen getroffen haben, die eine Abhängigkeit des Softwarevertrags vom Hardwarevertrag zum Gegenstand haben, ist es für die Wirksamkeit dieser Vereinbarungen ohne Belang, wenn die Überlassung der Hardware im Wege des Finanzierungsleasing durch Einschaltung einer Leasinggesellschaft erfolgt. Hinsichtlich des Inhalts und der Rechtsfolgen derartiger Vereinbarungen kann auf die im zweiten Kapitel dargestellten Grundsätze verwiesen werden.

III. Störungen im Rahmen der Softwareüberlassung

Wird hingegen aufgrund einer mangelhaften Softwareüberlassung der Softwarevertrag zwischen Lieferant und Anwender gewandelt, so ist eine differenziertere Betrachtung notwendig.

1. Vereinbarungen zwischen Leasinggeber und Anwender

Unproblematisch sind zunächst die Fälle, in denen Leasinggeber und Anwender ausdrücklich eine Vereinbarung getroffen haben, die eine Abhängigkeit des Leasingvertrags über die Hardware von der Softwareüberlassung zum Inhalt hat. Haben die Parteien beispielsweise ein Rücktrittsrecht bei Fehlschlagen der Softwareüberlassung vereinbart, so kann der Anwender vom Hardware-Leasingvertrag zurücktreten. Indes wird dieser Fall in der Praxis äußerst selten auftreten, da eine solche Vereinbarung den Interessen des Leasinggebers vollkommen zuwiderläuft. Denn der Leasinggeber hat beim Finanzierungsleasing schon die Gewährleistungsansprüche aus dem Leasingvertrag abbedungen, um so eine möglichst weitgehende Unabhängigkeit vom Zustand des *Vertragsgegenstands* - der Hardware - zu erreichen. Um so weniger ist er daran interessiert, den Leasingvertrag von der mit Unwägbarkeiten belasteten Softwareüberlassung abhängig zu machen, die nicht einmal Bestandteil des Leasingvertrags geworden ist. Dennoch zeigt dieser Fall - gewissermaßen als Spiegelbild der oben II erörterten Konstellation - die Problematik bei Störungen der Softwareüberlassung beispielhaft auf: entscheidend ist hier, ob *Leasinggeber und Anwender* Vereinbarungen getroffen haben.

2. Vereinbarungen zwischen Lieferant und Anwender

Typischerweise verhandelt der Anwender nicht mit dem Leasinggeber, sondern mit dem Lieferanten. Beide Parteien suchen gemeinsam Hard- und Software aus und legen die Vertragsbedingungen fest. Erst danach wird der Leasinggeber von den Parteien zur Finanzierung eingeschaltet.[114]

Hier stellt sich die Frage, welche Auswirkungen zwischen *Anwender und Lieferant* getroffene Vereinbarungen über eine Abhängigkeit des Hardwarevertrags vom Softwareüberlassungsvertrag zeitigen.

Bestandteil des Leasingvertrags sind derartige Vereinbarungen nur dann, wenn der Lieferant als Stellvertreter des Leasinggebers im Rahmen der ihm zustehenden Vertretungsmacht gehandelt hat. Probleme ergeben sich allerdings in den Fällen, in denen eine derartige Vollmacht fehlt - was der Regelfall ist[115] - und die zwischen Lieferant und Anwender getroffenen Vereinbarungen sich später im schriftlichen Leasingvertrag nicht wiederfinden.

Hier ist neben der Möglichkeit einer Anfechtung des Leasingvertrags wegen arglistiger Täuschung des Lieferanten eine Haftung des Leasinggebers aus culpa in contrahendo i.V.m. § 278 BGB[116] in Betracht zu ziehen; unter Umständen kommt auch eine Eigenhaftung des Lieferanten aus c.i.c. in Betracht. Alle drei Möglichkeiten sollen im folgenden näher betrachtet werden.

---

[114] S. hierzu zuletzt *Hager* AcP 190 (1990) 325, 342ff.

[115] Näher hierzu oben § 5 II 2 c dd bei und in Fn.194.

[116] Darüber hinausgehend will *J.Schneider* Praxis F 229 a.E., 300, offenbar Verhandlungen zwischen Lieferant und Leasingnehmer dem Leasinggeber auch dann zurechnen, wenn die Voraussetzungen des § 278 BGB nicht erfüllt sind. Gegen diese Auffassung spricht jedoch, daß der ihr zugrundeliegende Ansatz herkömmliche dogmatische Kategorien sprengt.

a) Haftung des Leasinggebers aus culpa in contrahendo i.V.m. § 278 BGB

aa) Zur Veranschaulichung soll folgender Sachverhalt dienen:[117] Anwender und Lieferant schließen nach vorvertraglichen Verhandlungen sowohl einen Softwareerstellungsvertrag als auch einen schriftlichen Kaufvertrag über eine zuvor ausgewählte Hardware. Der Hardwarevertrag enthält die Klausel: "Qualifiziertes Rücktrittsrecht: Der Anwender erteilt den Auftrag zur Lieferung der Hardware unter dem Vorbehalt, daß die Erstellung und Installation der Software bis zum 1.8. abgeschlossen ist (Organisationslösung)." Nach Abschluß des Kaufvertrags kommen die Parteien überein, die Hardware im Wege des Leasing zu finanzieren. Darauf füllt der Lieferant, der keine Vertretungsmacht für den Leasinggeber besitzt, gemeinsam mit dem Anwender die bereits von ihm vorrätig gehaltenen Vertragsformulare eines Leasinggebers aus, allerdings ohne die Vereinbarung über das Rücktrittsrecht in den Leasingvertrag mit aufzunehmen. Nach Abschluß des Leasingvertrags mit dem Leasinggeber wird die Hardware geliefert; die Installation und Erstellung der Software mißlingt. Der Anwender will daraufhin vom Hardware-Leasingvertrag unter Berufung auf die im ursprünglichen Hardwarevertrag enthaltene Klausel zurücktreten. Der Leasinggeber besteht auf Zahlung, da ein Rücktrittsrecht mit ihm weder mündlich vereinbart noch schriftlich im Leasingvertrag niedergelegt ist.

bb) Der *BGH* hat in diesem Fall eine Haftung des Leasinggebers für das Verhalten des Lieferanten aus c.i.c. i.V.m. § 278 BGB bejaht. Nach seiner Auffassung haftet der Leasinggeber dann nach § 278 BGB, wenn der Lieferant der Leasingsache mit Wissen und Willen des Leasinggebers Vorverhandlungen über den Abschluß des Leasingvertrags geführt hat und dabei schuldhaft den Leasingvertrag betreffende Aufklärungs- oder Hinweispflichten gegenüber dem Leasingnehmer verletzt hat.[118] Dies kann - so der *BGH* - auch beim reinen Finanzierungsleasing der Fall sein, da auch dort der Lieferant konkrete Vertragsvorverhandlungen für den Leasinggeber führen kann. Eine ständige oder enge Verbindung zwischen Lieferant und Leasinggeber ist nicht erforderlich.[119]

---

[117] Der Sachverhalt ist der Entscheidung des BGH vom 3.7. 1985, BGHZ 95, 170ff. nachgebildet.
[118] BGH vom 3.7.1985, BGHZ 95, 170.
[119] BGH aaO. S.180.

Diese Auffassung hat in der Literatur Zustimmung gefunden;[120] ihr ist nur vereinzelt[121] widersprochen worden.

cc) Eine Zurechnung von Erklärungen des Lieferanten gem. § 278 BGB ist dann in Betracht zu ziehen, wenn - wie der *BGH* treffend formuliert hat - durch die Tätigkeit des Lieferanten der Leasinggeber "eigenes Handeln erspart".[122] In dieser Formulierung kommt der Grundgedanke der Regelung des § 278 BGB zum Ausdruck: bedient sich ein Vertragspartner zur Erfüllung seiner Pflichten aus einem Vertrag eines Gehilfen, so korrespondieren den daraus entstehenden *Vorteilen* der Arbeitsteilung die *Risiken* der Einschaltung des Gehilfen.[123] Dabei sind zwei Elemente für eine Zurechnung von Bedeutung: zum einen muß der Gehilfe in das Schuldverhältnis durch den Schuldner eingeschaltet worden sein; zum anderen muß die Pflichtverletzung dem Pflichtenkreis des Schulders zuzuordnen sein.

(1) Eine Verletzung von Aufklärungs- und Hinweispflichten durch den Lieferanten ist dann dem *Pflichtenkreis* des Leasinggebers zuzuordnen, wenn diesen *selbst* eine Aufklärungs- und Hinweispflicht getroffen hätte. Eine solche Pflicht besteht notwendig nur innerhalb des Bereichs, der den Leasingvertrag betrifft. Erklärungen des Lieferanten sind also immer und nur dann dem Leasinggeber zuzurechnen, wenn sie Bestandteil der Vorverhandlungen über den Abschluß des *Leasingvertrags* sind bzw. dessen Inhalt festlegen. Erfaßt werden somit alle Erklärungen, die einzelne Modalitäten des Leasingvertrags betreffen. Hierher gehören vor allem neben der Bestimmung des Vertragsgegenstands des Leasingvertrags Vereinbarungen über die Finanzierung; aber auch andere Abreden sind zu berücksichtigen, soweit sie den Inhalt des Leasingvertrags betreffen.

(2) Darüber hinaus muß der Gehilfe vom Schuldner *eingeschaltet* worden sein. Zu Recht hat der *BGH* dies bejaht, wenn der Schuldner mit Wissen und Wollen des Leasinggebers Vorverhandlungen über den Abschluß des Leasingvertrags geführt hat, d.h. als Verhandlungsgehilfe tätig geworden ist, was in der Regel beim absatzfördernden Finanzierungsleasing der Fall sein wird. Ob eine Zurechnung über § 278 BGB auch beim sog. reinen Finanzierungsleasing in Betracht kommt, hängt davon ab, welche Voraussetzun-

---

[120] Vgl. *von Westphalen* Leasingvertrag Rn.148; *Reinicke/Tiedtke* S.435f.; Soergel-*Wolf* § 278 Rn.49; *Sternberg* BB 1987, 12, 16f.; Emmerich/Sonnenschein-*Emmerich* Vor §§ 535, 536 Rn.31.

[121] Kritisch vor allem *Lieb* DB 1988, 2495, 2502f.; *Seifert* FLF 1989, 105ff.

[122] BGH vom 3.7.1985, BGHZ 95, 170, 181.

[123] Vgl. Soergel-*Wolf* § 278 Rn.1.

gen man an ein absatzförderndes Leasing stellt: fordert man für dieses eine Vermittlung des Leasingvertrags durch den Lieferanten,[124] kann durchaus auch beim reinen Finanzierungsleasing eine Zurechnung über § 278 BGB erfolgen, da der Lieferant auch ohne vorherige Vermittlung Vorverhandlungen über den Abschluß des Leasingvertrags führen kann.

Im Beispielsfall hätte den Leasinggeber, wenn er die Vertragsverhandlungen selbst geführt hätte, eine Aufklärungspflicht getroffen, da die Regelung des Leasingvertrags sich nicht in der Finanzierung des zuvor ausgehandelten Geschäfts erschöpfte, sondern dieses erheblich modifizierte, indem die zuvor vereinbarte Abhängigkeit des Hardware- vom Softwarevertrag durch die Finanzierung entfiel. Auch war der Lieferant als Verhandlungsgehilfe des Leasinggebers tätig geworden, da er die bei ihm vorrätigen Formulare des Leasinggebers ausfüllte und letzterem so eigenes Handeln ersparte. Daher ist ein Schadensersatzanspruch des Anwenders gegen den Leasinggeber aus c.i.c. i.V.m. § 278 BGB zu bejahen; der Anwender ist somit berechtigt, vom Hardware-Leasingvertrag zurückzutreten.

In gleicher Weise ist bei der Verletzung anderer Aufklärungspflichten zu entscheiden, wenn also etwa ein durch den Lieferanten in Aussicht gestelltes Erwerbsrecht des Anwenders an der Leasingsache nicht Bestandteil des später abgeschlossenen Leasingvertrags geworden ist.[125]

b) *Anfechtung des Leasingvertrags aufgrund arglistiger Täuschung durch den Lieferanten*

aa) Täuscht der Lieferant den Anwender über den Inhalt des Leasingvertrags, kann dieser den Leasingvertrag anfechten, falls die Voraussetzungen des § 123 BGB erfüllt sind. Als Täuschungshandlungen kommen insbesondere die Vorspiegelung, der Leasingvertrag betreffe Hard- *und* Software bzw. das Unterlassen der Aufklärung darüber, daß der Leasingvertrag zuvor zwischen Lieferant und Anwender vereinbarte Regelungen nicht enthält, in Betracht.

Der *BGH* hat in einer Entscheidung vom 28.9.1988[126] ein Anfechtungsrecht aus anderem Grunde bejaht; die Entscheidung ist jedoch auf die hier relevante Problematik der einheitlichen Behandlung von Hard- und Soft-

---

[124] So *Canaris* Bankvertragsrecht Rn.1752 i.V.m. 1480.
[125] Vgl. dazu BGH vom 4.11.1987, WM 1988, 84ff.
[126] NJW 1989, 287ff.

ware übertragbar, weshalb sie kurz dargestellt werden soll. Der Lieferant, der die ihm vom Leasinggeber zur Verfügung gestellten Vertragsformulare ausgefüllt und die Leasingraten berechnet hatte, hatte dem Anwender fälschlicherweise zugesagt, daß der Leasingvertrag zugleich eine Wartungsverpflichtung hinsichtlich des Leasinggegenstands, der Hardware enthalte. Der *BGH* rechnete hier die arglistige Täuschung des Lieferanten dem Leasinggeber zu und bejahte ein Anfechtungsrecht des Anwenders im Hinblick auf den Leasingvertrag. Er führte aus, als "Dritter" i.S.v. § 123 Abs.2 BGB gelte nicht, wer mit Wissen und Wollen des Anfechtungsgegners als dessen Vertrauensperson oder Repräsentant auftrete, und zog eine Parallele zur oben a dargestellten Haftung des Leasinggebers aus c.i.c. i.V.m. § 278 BGB. Die Voraussetzungen, die an eine Erfüllungsgehilfenstellung für eine Haftung aus c.i.c. gestellt würden, entsprächen "in einem Fall wie dem vorliegenden denen, die nach § 123 Abs.2 BGB für die Annahme einer 'Vertrauensperson' oder eines 'Repräsentanten' erforderlich" seien.[127] Daher sei der in die Vorverhandlungen eingeschaltete Lieferant nicht Dritter i.S.v. § 123 Abs.2 BGB.[128]

bb) Dogmatisch läßt sich die vom *BGH* gezogene Parallele mit einer Überlegung *Schuberts*[129] überzeugend rechtfertigen: danach ist § 123 BGB für den Fall arglistiger Täuschungen im Rahmen von Vertragsverhandlungen als eine gesetzliche Sonderregelung der Haftung für c.i.c. anzusehen. Wenn man demnach von einer vorvertraglichen Verbindlichkeit ausgeht, den Kontrahenten nicht zu täuschen, muß konsequenterweise auch die Zurechnungsnorm des § 278 BGB angewendet werden.[130] Folgt man dieser Auffassung, die in der Literatur viele Anhänger gefunden hat,[131] kann der Anwender daher den Leasingvertrag immer dann anfechten, wenn der Lieferant als Verhandlungsgehilfe oder als Vertreter des Leasinggebers bei Abschluß des Leasingvertrags tätig geworden ist. Unter Umständen kommt

---

[127] NJW 1989, 287, 288.

[128] Vgl. hierzu auch die Entscheidungen des BGH vom 17.4.1986, NJW-RR 1987, 59, 60 = WM 1986, 1032, 1034 sowie vom 8.12.1989, NJW 1990, 1661, 1662, in denen ausgeführt wird, der Personenkreis, für den ein Verhandlungspartner wegen culpa in contrahendo einzustehen habe, sei der gleiche wie bei § 123 Abs.2 BGB.

[129] AcP 168 (1968) 470ff.

[130] *Schubert* AcP 168 (1968) 470, 481.

[131] Vgl. *Medicus* Allg.Teil Rn.801; *Hübner* § 36 C I 4 = S.466; Soergel-*Hefermehl* § 123 Rn.32; Staudinger-*Dilcher* § 123 Rn.34; MünchKomm-*Kramer* § 123 Rn.19; RGRK-*Krüger-Nieland* § 123 Rn.57; Palandt-*Heinrichs* § 123 Anm.2 f bb; **ablehnend** *Köhler* BGB AT § 14 V 2 d.

daher eine Anfechtung wegen arglistiger Täuschung auch beim reinen Finanzierungsleasing in Betracht,[132] wobei insoweit auf die bereits oben a cc (2) dargestellten Erwägungen verwiesen werden kann.

c) Eigenhaftung des Lieferanten aus culpa in contrahendo

Neben der Haftung des Leasinggebers kommt außerdem eine Eigenhaftung des Lieferanten aus c.i.c. gegenüber dem Leasingnehmer in Betracht.[133] Voraussetzung hierfür ist, daß der Lieferant, der die Pflichtverletzung begeht, entweder ein eigenes wirtschaftliches Interesse am Geschäftsabschluß hat oder besonderes Vertrauen in Anspruch genommen hat.

aa) Bejaht man die grundsätzliche Möglichkeit einer Eigenhaftung Dritter aufgrund *eigenen wirtschaftlichen Interesses*,[134] so müßte der Lieferant gleichsam "in eigener Sache" tätig geworden sein.[135] Seine Stellung müßte die einer "Quasi-Partei" sein; er müßte als "wirtschaftlicher Herr" des Geschäfts anzusehen sein, wobei allerdings nach ganz herrschender Meinung ein bloß mittelbares wirtschaftliches Interesse nicht genügt.[136]

Diese Voraussetzungen werden in aller Regel nicht erfüllt sein. Zwar hat der Lieferant ein wirtschaftliches Interesse am Abschluß des Leasingvertrags zwischen Anwender und Leasinggeber. Zweifelhaft ist allerdings schon, ob dieses Interesse "unmittelbarer" oder bloß "mittelbarer" Natur ist. Für letzteres spricht immerhin, daß sein Interesse in erster Linie auf den Abschluß eines Kaufvertrags gerichtet ist, mag auch der Leasingvertrag mit diesem Kaufvertrag in Zusammenhang stehen. Doch ganz abgesehen von dieser ohnehin unklaren Differenzierung läßt sich der Lieferant auch nicht als "wirtschaftlicher Herr" des Leasingvertrags einordnen. Seine Position ähnelt viel eher der eines Vermittlers oder Versicherungsagenten (bei welchen das Vorliegen eines unmittelbaren wirtschaftlichen Eigeninteresses

---

[132] Vgl. BGH vom 28.9.1988, NJW 1989, 287, 288; a.A. aber *Canaris* Bankvertragsrecht Rn.1746.

[133] Vgl. nur Emmerich/Sonnenschein-*Emmerich* Vor §§ 535, 536 Rn.31.

[134] Vgl. hierzu *Larenz* SchuldR I § 9 I 4 = S.114f.; Soergel-*Wiedemann* Vor § 275 Rn.80; Palandt-*Heinrichs* § 276 Anm.6 C b aa jeweils m.w.N.

[135] BGH vom 2.3.1988, NJW 1988, 2234, 2235; BGH vom 23.10.1985, NJW 1986, 586f.; BGH vom 25.1.1984, NJW 1984, 2284, 2286; BGH vom 15.11.1967, LM Nr.49 zu § 278 BGB; MünchKomm-*Emmerich* Vor § 275 Rn.82.

[136] Vgl. nur BGH vom 23.10.1985, NJW 1986, 586, 587; Soergel-*Wiedemann* Vor § 275 Rn.80 a.E.; Palandt-*Heinrichs* § 276 Anm.6 C b aa jeweils m.w.N.

i.d.R. verneint wird[137]) als der eines selbstschuldnerischen Bürgen oder eines Geschäftsführers einer GmbH, der für die Schulden der GmbH eine Mithaftung übernommen hat (dort hat der *BGH* ein Eigeninteresse bejaht[138]).

bb) Eine Eigenhaftung nach den Grundsätzen der c.i.c. ist ferner dann anzunehmen, wenn der Lieferant *besonderes Vertrauen* in Anspruch genommen hat, das über das normale Verhandlungsvertrauen hinausgeht, welches bei Anbahnung von Geschäftsbeziehungen stets gegeben ist oder vorhanden sein sollte.[139] Hier wird den Umständen des Einzelfalls entscheidende Bedeutung beikommen. Zu berücksichtigen ist dabei jedoch immer das für den EDV-Bereich charakteristische Informationsgefälle[140] zwischen Anwender und Lieferant, was dazu führt, daß der Anwender sich - gerade als Laie - häufig in besonders hohem Maße auf die Sachkunde des Lieferanten verlassen wird.[141]

§ 9 Die Finanzierung über verschiedene Leasinggesellschaften

Keine Besonderheiten ergeben sich, falls Hard- und Software zwar von einem Lieferanten bezogen, aber über verschiedene Leasinggesellschaften finanziert werden, was in der Praxis äußerst selten der Fall ist.[142] Vertragspartner des Anwenders sind dann die beiden Leasinggeber. Auch hier ist von dem Grundsatz auszugehen, daß Störungen innerhalb eines Vertragsverhältnisses sich nicht auf das andere Vertragsverhältnis auswirken.[143] Eine Verbindung der einzelnen Verträge ist bei Vorliegen entsprechender Vereinbarungen zwischen Anwender und Leasinggeber in Betracht zu zie-

---

[137] Vgl. aus der neueren Rspr. nur OLG Karlsruhe vom 9.5.1985, NJW-RR 1986, 27, 28; OLG Hamm vom 23.10.1985, NJW-RR 1986, 391f.

[138] Vgl. BGH vom 25.1.1984, NJW 1984, 2284, 2286; BGH vom 23.10.1985, NJW 1986, 586, 588; BGH vom 2.3.1988, NJW 1988, 2234, 2235.

[139] Vgl. nur Soergel-*Wiedemann* Vor § 275 Rn.83.

[140] Siehe dazu bereits oben § 4 III.

[141] Vgl. auch BGH vom 6.6.1984, NJW 1984, 2938 = CR 1986, 79, 82, wo von "spezifischen Sorgfaltspflichten des Herstellers/Lieferanten von Hardware und Software" gegenüber einem Anwender, der EDV-Laie ist, gesprochen wird.

[142] Soweit ersichtlich, lag bisher eine solche Konstellation nur der Entscheidung des LG Passau vom 9.4.1984 (abgedruckt bei *Zahrnt* DV-Rspr. Bd.2, L-17) zugrunde.

[143] Vgl. die Ausführungen des LG Passau aaO.

hen. Vereinbarungen zwischen Anwender und Lieferant können - ebenso wie bei der Teilfinanzierung - eine Haftung eines bzw. beider Leasinggeber wegen culpa in contrahendo i.V.m. § 278 BGB auslösen oder den Anwender zu einer Anfechtung aufgrund arglistiger Täuschung berechtigen, falls die konkreten Voraussetzungen im Einzelfall vorliegen. Die oben in § 8 dargestellten Grundsätze sind hier entsprechend heranzuziehen.

Zusammenfassung

I. Werden Hard- und Software *"aus einer Hand"* überlassen, so ist zu unterscheiden, ob dies im Rahmen eines einheitlichen Vertrags oder im Rahmen mehrerer getrennter Verträge erfolgt.

1. a) Eine *Vertragseinheit* kann sich zum einen daraus ergeben, daß Hard- und Software als eine untrennbare technische Einheit anzusehen sind, was sich, da beide Komponenten als Sachen i.S. von § 90 BGB einzuordnen sind, nach den Kriterien des § 93 BGB beurteilt. Danach ist im gesamten Bereich der Firmware von einer technischen Einheit auszugehen. Im übrigen Bereich der Standard- und Individualsoftware verbietet sich eine generelle Antwort; dort richtet sich die technische Einheit danach, ob Hard- und Software derart aufeinander abgestimmt sind, daß sie ausschließlich in der konkreten Verbindung miteinander benutzbar sind.

Zum anderen können Grundlage einer Vertragseinheit - auch wenn Hard- und Software keine technische Einheit bilden - die Vereinbarungen der Parteien sein. Bei der Ermittlung des Parteiwillens ist insbesondere von Bedeutung, ob zwischen den verschiedenen Vereinbarungen über Hard- und Software ein unmittelbarer zeitlicher Zusammenhang besteht, ob die Parteien Hard- und Software umfassende Bezeichnungen gewählt haben, ein erheblicher Preisnachlaß bei gleichzeitiger Überlassung gewährt wurde und ob Hard- und Software technisch aufeinander abgestimmt sind. Der äußeren Vertragsgestaltung kommt nur insoweit Bedeutung zu, als die Zusammenfassung verschiedener Vereinbarungen in einer Urkunde indizielle Bedeutung für eine Vertragseinheit hat.

Sind die Parteien von einer Vertragseinheit ausgegangen, sind in AGB enthaltene Trennungsklauseln gemäß §§ 4 und 9 Abs.2 Nr.2 AGBG unbeachtlich.

b) Haben die Parteien einen einheitlichen Vertrag geschlossen, besteht bei nur teilweiser Lieferung weiterhin ein Erfüllungsanspruch. Zudem kann der Anwender die Einrede des nicht erfüllten Vertrags geltend machen. Ein Gesamtrücktrittsrecht des Anwenders nach §§ 326 Abs.1 S.3, 325 Abs.1 S.2,

280 Abs.2 BGB kommt im Falle einer technischen Einheit stets, im Falle einer rechtlichen Einheit bei Interessewegfall des Anwenders in Betracht. Ein Interessewegfall ist etwa dann zu bejahen, wenn Vertragsinhalt die Lösung einer Datenverarbeitungsaufgabe, die nur durch Lieferung der vereinbarten Hard- und Software realisiert werden kann, geworden ist.

Ist die Hard- oder Softwareleistung mangelhaft, kann im Falle einer technischen Einheit der Anwender Wandelung auch im Hinblick auf den mangelfreien Leistungsteil gemäß §§ 459ff. BGB verlangen. Bilden Hard- und Software keine technische Einheit, kommt ein Gesamtwandelungsrecht nur unter den zusätzlichen Voraussetzungen der §§ 469ff. BGB in Betracht. Dem Merkmal der Zusammengehörigkeit i.S.d. § 469 S.2 BGB kommt dabei, falls die Parteien einen einheitlichen Vertrag geschlossen haben, keine eigenständige Bedeutung mehr zu. Ob ein Trennungsnachteil i.S.d. § 469 S.2 BGB vorliegt, hängt von der Möglichkeit der Ersatzbeschaffung, insbesondere davon, ob in Preis und Funktionsumfang vergleichbare Hard- bzw. Software erhältlich ist, ab. Dabei beurteilt sich die Behandlung der mangelfreien Leistung unabhängig von der konkreten schuldrechtlichen Gestaltung (Kauf, Miete, Pacht oder Werkvertrag) stets nach den Vorschriften der §§ 469ff. BGB.

2. Erfolgt die Überlassung im Rahmen *mehrerer Verträge*, beeinflussen Störungen in einem Bereich den anderen Bereich grundsätzlich nicht.

Anderes gilt, wenn die Parteien die verschiedenen Verträge aufgrund einer Bedingung oder eines Rücktrittsrechts miteinander verbunden haben. Auch können die verschiedenen Vereinbarungen über Hard- und Software ein einheitliches Rechtsgeschäft i.S.d. § 139 BGB darstellen. Dies ist dann der Fall, wenn nach den Vorstellungen der Parteien, die nicht Vertragsbestandteil geworden sein müssen, die einzelnen Vereinbarungen miteinander stehen und fallen sollen. Besondere Bedeutung kommt hier den Umständen des Zustandekommens der einzelnen Vereinbarungen zu. Ferner können die Vereinbarungen über Hard- und Software über die Grundsätze der Geschäftsgrundlage miteinander verbunden sein. Geschäftsgrundlage und einheitliches Rechtsgeschäft unterscheiden sich nur in ihrem Anwendungsbereich, stehen aber nicht in einem Stufenverhältnis zueinander.

II. Werden Hard- und Software durch *verschiedene Vertragspartner* überlassen, ist ebenfalls zu unterscheiden.

1. Bei *Überlassung durch mehrere Lieferanten* können die einzelnen Verträge wiederum über eine Bedingung, ein Rücktrittsrecht oder dgl. verbunden sein. Eine Anwendung der Grundsätze eines einheitlichen Rechtsgeschäfts in Mehrpersonenverhältnissen scheidet jedoch aus. Allerdings können die zum finanzierten Abzahlungskauf entwickelten Grundsätze des Einwendungsdurchgriffs herangezogen werden. Überträgt man die dort entwickelten Kriterien auf die Überlassung von Hard- und Software durch mehrere Lieferanten, so kommt ein Einwendungsdurchgriff des Anwenders dann in Betracht, wenn Hard- und Softwareüberlassung ein wirtschaftlich einheitliches Geschäft bilden. Dies ist dann zu bejahen, wenn ein Lieferant auf die Auswahl des anderen Lieferanten durch den Anwender Einfluß genommen und das Zusammenwirken beider Lieferanten eine faktische Bindung des Anwenders an beide Lieferanten zur Folge hat. Zudem muß es dem Anwender unzumutbar oder unmöglich sein, den Lieferanten der mangelhaften Sache in Anspruch zu nehmen. Eine Verbindung über die Grundsätze der Geschäftsgrundlage ist ebenfalls in Betracht zu ziehen, jedoch ist deren Anwendungsbereich in Mehrpersonenverhältnissen mit den Grundsätzen des Einwendungsdurchgriffs abzustimmen.

2. Erfolgt eine *Teilfinanzierung*, wird also nur die Hardware im Wege des Leasing finanziert, während die Software direkt vom Lieferanten überlassen wird, wirken sich Störungen im Bereich der Hardware auf die Softwareüberlassung dann aus, wenn entsprechende Vereinbarungen zwischen Anwender und Lieferant vorliegen.

Umgekehrt ist bei Störungen im Rahmen der Softwareüberlassung auf die zwischen Leasinggeber und Anwender getroffenen Vereinbarungen abzustellen. Zwischen Lieferant und Anwender getroffene Vereinbarungen über eine Abhängigkeit der Hardware- von der Softwareüberlassung können unter Umständen eine Haftung des Leasinggebers aus culpa in contrahendo i.V.m. § 278 BGB oder eine Eigenhaftung des Lieferanten begründen. Darüber hinaus ist eine Anfechtung des Leasingvertrags durch den Anwender aufgrund arglistiger Täuschung des Lieferanten in Betracht zu ziehen.

3. Erfolgt die *Finanzierung über verschiedene Leasinggesellschaften*, ergeben sich keine Besonderheiten.

Anhang

Anhang 1 : Die einzelnen Bestandteile einer Datenverarbeitungsanlage

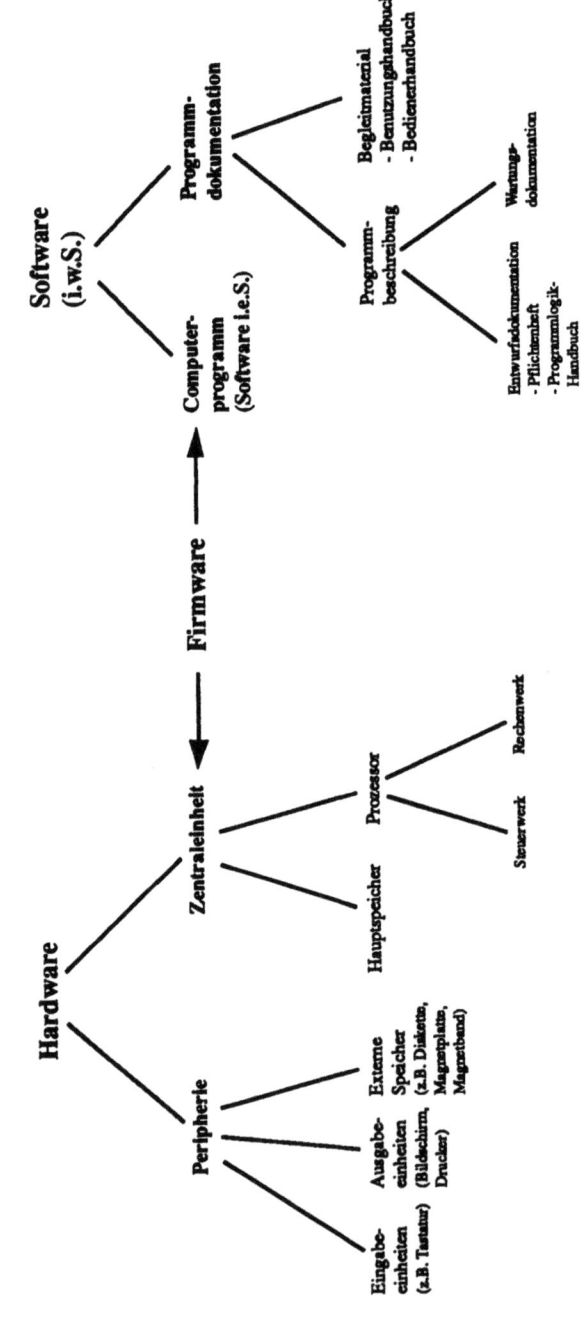

Anhang 2 : Die verschiedenen Arten von Software

1) Differenzierung nach funktionellen Kriterien

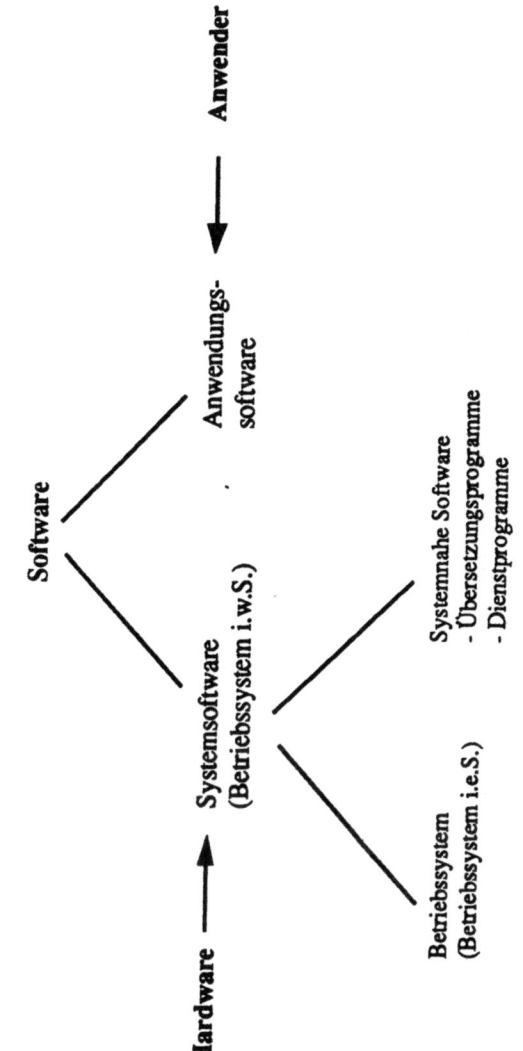

Anhang 2 : Die verschiedenen Arten von Software

2) Differenzierung nach anwendungsbezogenen Kriterien

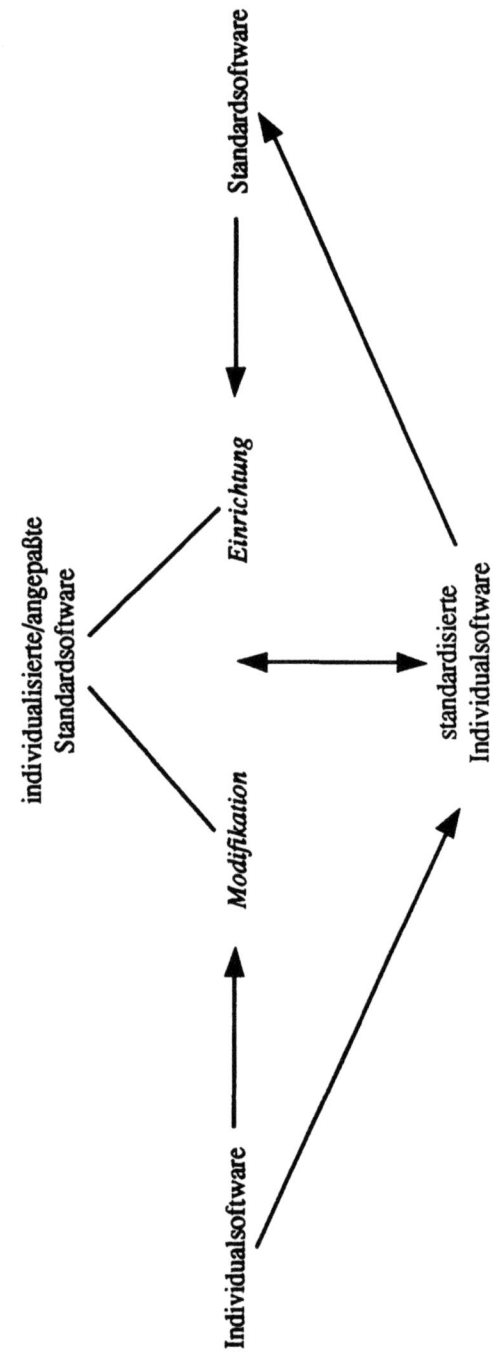

Literaturverzeichnis

Es ist grundsätzlich nur der Name des Verfassers zitiert. Soweit mehrere Werke eines Autors benutzt wurden, ist ein kennzeichnendes Wort aus dem Titel hinzugefügt. Kommentare werden mit dem Namen des Bearbeiters zitiert.

Alternativkommentar zum Bürgerlichen Gesetzbuch, Neuwied-Darmstadt 1979ff.

Bartl, Harald: Hardware, Software und Allgemeine Geschäftsbedingungen, CR 1985, 13ff.
- Rechtliche Problematik der Softwareverträge, BB 1988, 2122ff.

Baudenbacher, Carl: Einwendungsdurchgriff beim finanzierten Immobilienerwerb?, JZ 1985, 661ff.

Bender, Rolf: Probleme des Konsumentenkredits, NJW 1980, 1129ff.

Bömer, Roland: Die Pflichten im Computersoftwarevertrag - Darstellung der Besonderheiten im Vergleich zu den Vertragstypen des allgemeinen Zivilrechts, München 1988

Bons, Heinz: Fehler und Fehlerauswertungen, in: *Gorny/Kilian* (Hrsg.), Computer-Software und Sachmängelhaftung, Stuttgart 1985, S.35ff.

Borchers, Detlef: DOS, UNIX, OS/2 oder die Qual der Wahl, SZ-Beilage vom 26.9.1989, S.49

Brandi-Dohrn, Matthias: Gewährleistung bei Hard- und Softwaremängeln, München 1988
- Die gewährleistungsrechtliche Einordnung des Software-Überlassungsvertrages, CR 1986, 63ff.

Braun, Bernd/ *Jöckel*, Rainer M./ *Schade*, Hans: Computer-Kaufverträge - Kritisch erläutert anhand gebräuchlicher Vertragsklauseln, Münster 1989

Breidenbach, Stephan: Die Voraussetzungen von Informationspflichten beim Vertragsschluß, München 1989
- Anm. zu OLG Stuttgart, CR 1989, 598ff., CR 1989, 600ff.

Canaris, Claus-Wilhelm: Bankvertragsrecht, 2.Aufl., Berlin-New York 1981
- Die Rückgewähr von Gesellschaftereinlagen durch Zuwendungen an Dritte, in: Festschrift für Robert Fischer, Berlin-New York 1979, S.31ff.
- Schranken der Privatautonomie zum Schutze des Kreditnehmers, ZIP 1980, 709ff.
- Finanzierungsleasing und Wandelung, NJW 1982, 305ff.
- Interessenlage, Grundprinzipien und Rechtsnatur des Finanzierungsleasing, AcP 190 (1990) 410ff.

Charmatz, Hans: Zur Geschichte und Konstruktion der Vertragstypen im Schuldrecht mit besonderer Berücksichtigung der gemischten Verträge, Frankfurt a.M. 1937 (Nachdruck 1968)

Chiotellis, Aristide: Rechtsfolgenbestimmung bei Geschäftsgrundlagenstörungen in Schuldverträgen, München 1981

Crichton, Michael: Electronic Life, Reinbek bei Hamburg 1984

Dahmen, Horst: Gut gefahren mit System-Software aus fremdem Stall, ÖVD/Online 1/1983, S.44ff.

Dietz, Albrecht: Die betriebswirtschaftlichen Grundlagen des Leasing, AcP 190 (1990) 235ff.

Dörner, Heinrich/ *Jersch,* Ralf: Die Rechtsnatur der Software-Überlassungsverträge, IuR 1988, 137ff.

Dworatschek, Sebastian: Grundlagen der Datenverarbeitung: einschließlich Mikrocomputer, 7.Aufl., Berlin-New York 1986

Ebenroth, Carsten Thomas: Das Recht der Leistungsstörungen beim Leasing, JuS 1985, 425ff.

Ellenberger, Martin H./ *Müller,* Claus Dieter: Zweckmäßige Gestaltung von Hardware-, Software- und Projektverträgen, Köln 1984

Emmerich, Volker: Anm. zu BGH, WuB I J 2. - 1.89, WuB I J 2. - 1.89.

- Grundprobleme des Leasings, JuS 1990, 1ff.

Emmerich, Volker/ *Sonnenschein,* Jürgen: Miete: Handkommentar; §§ 535 - 580a des Bürgerlichen Gesetzbuches; 2. Wohnraumkündigungsschutzgesetz, 5.Aufl., Berlin-New York 1989

Engel, Friedrich-Wilhelm: Mängelansprüche bei Softwareverträgen, BB 1985, 1159ff.

Erman, Walter: Handkommentar zum Bürgerlichen Gesetzbuch, 8.Aufl., Münster 1989

Esser, Josef: Das Verhältnis von Kaufvertrag und Darlehensvertrag beim B-Geschäft des finanzierten Teilzahlungsgeschäfts, in: Tübinger Festschrift für Eduard Kern, Tübingen 1968, S.87ff.

Esser, Josef/ *Weyers,* Hans-Leo: Schuldrecht Band II, Besonderer Teil, 6.Aufl., Heidelberg 1984

Etter, Eberhard: Anm. zu OLG München, CR 1985, 138f., CR 1985, 139ff.

Feldhahn, Michael: Die Anwendung des Leasing-Erlasses bei der Überlassung von Software, DStR 1985, 336ff.

Fikentscher, Wolfgang: Schuldrecht, 7.Aufl., Berlin-New York 1985

- Die Geschäftsgrundlage als Frage des Vertragsrisikos - dargestellt unter besonderer Berücksichtigung des Bauvertrags, München 1971

Fisher, Franklin M./ *McGowan,* John J./ *Greenwood,* Joen: Der Anti-Trust-Fall US gegen IBM, Tübingen 1985

Flume, Werner: Allgemeiner Teil des Bürgerlichen Rechts, 2.Band, Das Rechtsgeschäft, 3.Aufl., Berlin-Heidelberg-New York 1979

Frank, Joachim: Standard-Software: Kriterien und Methoden zur Beurteilung und Auswahl von Software-Produkten, 2.Aufl., Köln-Braunsfeld 1980

Frommel, Monika: Das zweite Gesetz zur Bekämpfung der Wirtschaftskriminalität, JuS 1987, 667f.

Fuchs, Allen: Der Erwerb von Computern: Vertragstypen und besondere Probleme der Sachgewährleistung, Diss. Zürich 1978

Gernhuber, Joachim: Bürgerliches Recht, 2.Aufl., München 1983

- Austausch und Kredit im rechtsgeschäftlichen Verbund - zur Lehre von den Vertragsverbindungen, in: Festschrift für Karl Larenz, München 1973, S.455ff.

Goldschlager, Les/ *Lister,* Andrew: Informatik: eine moderne Einführung, München-Wien 1984

Gorny, Peter: Fehlerbehaftete Software - einige Gedanken aus der Sicht der Informatik, in: *Gorny/Kilian* (Hrsg.), Computer-Software und Sachmängelhaftung, Stuttgart 1985, S.7ff.

- Kategorien von Softwarefehlern, CR 1986, 673ff.

Gorny, Peter/ *Kilian,* Wolfgang (Hrsg.): Computer-Software und Sachmängelhaftung, Stuttgart 1985

Graue, Eugen Dietrich: Der Liefervertrag mit Montageverpflichtung, AcP 163 (1964) 401ff.

Grochla, Erwin (Hrsg.): Handwörterbuch der Organisation, 2.Aufl., Stuttgart 1980

Gundlach, Bernd: Konsumentenkredit und Einwendungsdurchgriff, Berlin 1979

Literaturverzeichnis 145

Habel, Oliver Michael: Nutzungsrechte an Standardanwenderprogrammen: dispositives Recht und Vertragspraxis, München 1989

Haberstumpf, Helmut: Der urheberrechtliche Schutz von Computerprogrammen, in: *Lehmann* (Hrsg.), Rechtsschutz und Verwertung von Computerprogrammen, Köln 1988, S.7ff.

Hadding, Walther: Welche Maßnahmen empfehlen sich zum Schutz des Verbrauchers auf dem Gebiet des Konsumentenkredits? - Gutachten zum 53. Deutschen Juristentag, München 1980

Hager, Johannes: Rechtsfragen des Finanzierungsleasing von Hard- und Software, AcP 190 (1990) 324ff.

Hartlieb, Horst von: Handbuch des Film-, Fernseh- und Videorechts, 2.Aufl., München 1984

Heussen, Benno: Urheber- und lizenzrechtliche Aspekte bei der Gewährleistung für Computersoftware - Zugleich zum Problem der Rechtsnatur von Lizenzverträgen, GRUR 1987, 779ff.

- Systemverantwortung bei Computerverträgen, NJW 1988, 2441ff.

Heussen, Benno/ *Seidel*, Ulrich: Juristisches Controlling, Systemverantwortung und Vertragsgestaltung bei DV - Projekten, Köln 1989

Hoeniger, Heinrich: Die gemischten Verträge in ihren Grundformen, Mannheim-Leipzig 1910

Hoeren, Thomas: Softwareüberlassung als Sachkauf - Ausgewählte Rechtsprobleme des Erwerbs von Standardsoftware, München 1989

- Der Softwareüberlassungsvertrag als Sachkauf - Ansätze zu einer neuen Vertragstypologie im Bereich der Standardsoftware, CR 1988, 908ff.

Hörter, Klaus: Der finanzierte Abzahlungskauf - Geschäftsformen und Rechtsfragen der bankmäßigen Teilzahlungsfinanzierung, Bad Homburg v.d.H.-Berlin-Zürich 1969

Hübner, Heinz: Allgemeiner Teil des Bürgerlichen Gesetzbuches, Berlin-New York 1984

Jersch, Ralf: Software, Hardware und Vertragsrecht - BGH vom 4.11.1987 - VIII ZR 314/86 -, Jura 1988, 580ff.

Junker, Abbo: Computerrecht: gewerblicher Rechtsschutz, Mängelhaftung, Arbeitsrecht, Baden-Baden 1988

- Ist Software Ware? Die Behandlung von Computerprogrammen im Steuer- und Bilanzrecht, beim Leasing, im Warenzeichenrecht, im Schuldvertragsrecht und in der Produkthaftung, WM 1988, 1217ff. (Teil 1); WM 1988, 1249ff. (Teil 2)
- Anm. zu BGH JZ 1988, 460, JZ 1988, 464ff.
- Die Entwicklung des Computervertragsrechts in den Jahren 1988 und 1989, NJW 1990, 1575ff.

Kilian, Wolfgang: Haftung für Mängel der Computer-Software, Heidelberg 1986

- Vertragsgestaltung und Mängelhaftung bei Computersoftware, CR 1986, 187ff.

Kilian, Wolfgang/ *Heussen*, Benno (Hrsg.): Computerrechtshandbuch - Computertechnologie in der Rechts- und Wirtschaftspraxis, München 1990

Kindermann, Manfred: Vertrieb und Nutzung von Computersoftware aus urheberrechtlicher Sicht, GRUR 1983, 150ff.

- Was ist Computersoftware?, ZUM 1985, 2ff.
- Anm. zu LG Bielefeld CR 1986, 444ff., CR 1986, 446ff.

Koch, Frank Alexander: Computer-Vertragsrecht: Praxis-Handbuch für Kauf, Miete und Leasing von Hard- und Software; mit Checklisten, Vertragsmustern sowie einer Einführung in die EDV, 3.Aufl., Freiburg i.B. 1988

Köhler, Helmut: BGB Allgemeiner Teil, 20.Aufl., München 1989

- Rechtsfragen zum Softwarevertrag - Zugleich Besprechung des BGH-Urteils vom 25.März 1987, CR 1987, 827ff.

- Die Herstellung und Überlassung von Software im bürgerlichen Recht, in: *Lehmann* (Hrsg.), Rechtsschutz und Verwertung von Computerprogrammen, Köln 1988, S.340ff.

Köhler, Helmut/ *Malzer,* Hans Michael: Rechtsprechungsübersicht zum gesamten DV - Vertragsrecht, CR 1989, 462ff.

König, M. Michael: Die Qualifizierung von Computerprogrammen als Sachen i.S. des § 90 BGB, NJW 1989, 2604f.

- Computerprogramme und Datensammlungen in der neueren Finanzrechtsprechung, CR 1990, 106ff.
- Anm. zu BGH NJW 1990, 320ff., NJW 1990, 1584ff.

Kolle, Gert: Der Rechtsschutz der Computersoftware in der Bundesrepublik Deutschland, GRUR 1982, 443ff.

Kropshofer, Birger/ *Spurzem,* Michael: Anm. zu KG Berlin, CR 1986, 643ff., CR 1986, 646ff.

Larenz, Karl: Allgemeiner Teil des deutschen Bürgerlichen Rechts, 7.Aufl., München 1989

- Lehrbuch des Schuldrechts, Band I, Allgemeiner Teil, 14.Aufl., München 1987
- Lehrbuch des Schuldrechts, Band II, Besonderer Teil, 12.Aufl., München 1981
- Das Zurückbehaltungsrecht im dreiseitigen Rechtsverhältnis - Zur Rechtslage des Käufers beim "finanzierten Ratenkauf", in: Festschrift für Karl Michaelis, Göttingen 1972, S.193ff.

Lauer, Jörg: Verträge über Software-Leistungen in der Praxis, BB 1982, 1758ff.

Lesshaft, Karl/ *Ulmer,* Detlev: Softwarefehler und Gewährleistung, CR 1988, 813ff.

Lieb, Manfred: Anm. zu BGH JZ 1982, 556ff., JZ 1982, 561ff.

- Gewährleistung beim reinen Finanzierungsleasing, DB 1988, 2495ff.

Löbel, Guido/ *Müller,* Peter/ *Schmid,* Hans: Lexikon der Datenverarbeitung, 7.Aufl., München 1978

Löwe, Walter/ *Westphalen,* Friedrich Graf von/ *Trinkner,* Reinhold: Kommentar zum Gesetz zur Regelung des Rechts der Allgemeinen Geschäftsbedingungen, Heidelberg 1977

Löwenstein, Michael Prinz zu: AGB-Probleme beim Ein- und Verkauf von Computersoftware, BB 1985, 1696ff.

Lutz, Helmuth: Lizensierung von Computerprogrammen, GRUR 1976, 331ff.

Maenner, Ulrike: Der deutsche Software-Markt und die internationale Wettbewerbsfähigkeit deutscher Anbieter, Hamburg 1986

Marschall von Biberstein, Wolfgang Freiherr: Das Abzahlungsgeschäft und seine Finanzierung - Die Rechte des Käufers gegenüber dem Finanzierungsinstitut, München-Berlin 1959

Medicus, Dieter: Bürgerliches Recht, 14.Aufl., Köln-Berlin-Bonn-München 1989

- Allgemeiner Teil des BGB, 4.Aufl., Heidelberg 1990
- Schuldrecht II, Besonderer Teil, 3.Aufl., München 1987

Megede, Ekkehard zur: Rechtsschutz von Software: Urheber- und Vertragsrecht, Berlin 1987

- Bemerkungen zu Rechtsfragen im Bereich der EDV, NJW 1989, 2580ff.

Mehrings, Josef: Computersoftware und Mängelhaftung - Ein Problemaufriß -, GRUR 1985, 189ff.

- Computersoftware und Gewährleistungsrecht, NJW 1986, 1904ff.
- Anm. zu OLG Hamm, CR 1986, 268f., CR 1986, 269f.
- Zum Wandlungsrecht beim Erwerb von Standardsoftware, NJW 1988, 2438ff.

Mellwig, Winfried: Vorteilhafte Leasingverträge - ein Rechenfehler?, DB 1983, 2261ff.

Möller, Hans-Werner: Die Wettbewerbsverhältnisse auf dem Markt für Datenverarbeitungsprogramme, Frankfurt a.M.-Bern 1981

Moritz, Hans-Werner/ *Tybusseck,* Barbara: Computersoftware: Rechtsschutz und Vertragsgestaltung, München 1986

Müller-Hengstenberg, Claus-Dieter: Bemerkungen zum Software-Gewährleistungsrecht, CR 1986, 441ff.

Müller-Laube, Hans-Martin: Teilzahlungskredit und Umsatzgeschäft - Ein Beitrag zur Lehre vom atypischen Vertrag, Baden-Baden 1973

Münchener Kommentar zum Bürgerlichen Gesetzbuch, 2.Aufl., München 1984ff.

Nauroth, Dieter: Leistungsbeschreibung: Notwendiges Instrument zur Konkretisierung vertraglicher Leistungen bei Softwareverträgen, CR 1987, 153ff.

Nicklisch, Fritz: Rechtsfragen des Subunternehmervertrags bei Bau- und Anlageprojekten im In- und Auslandsgeschäft, NJW 1985, 2361ff.

Nordemann, Wilhelm: Der urheberrechtliche Schutz der Computer-Software, ZUM 1985, 10ff.

Oertmann, Paul: Die Geschäftsgrundlage - Ein neuer Rechtsbegriff, Leipzig-Erlangen 1921

Ostler, Fritz/ *Weidner,* Jochen: Abzahlungsgesetz, 6.Aufl., Berlin-New York 1971

Palandt, Otto: Bürgerliches Gesetzbuch, 49.Aufl., München 1990

Pander, Michael: Einwendungsdurchgriff bei Hard- und Software-Verträgen, IUR 1987, 408ff.

Pierer von Esch, Heinrich: Teilnichtige Rechtsgeschäfte - Das Verhältnis von Parteiwille und Rechtssatz im Bereich des § 139 BGB, Köln-Berlin-Bonn-München 1968

Pötzsch, Thorsten: Die rechtliche Einheit von Hard- und Software, CR 1989, 1063ff.

Preuß, Inge Nora: Der Rechtsschutz von Computerprogrammen - unter besonderer Berücksichtigung der Systematik des Immaterialgüterrechts, Diss. Erlangen-Nürnberg 1987

Regelsberger, Ferdinand: Vertrag mit zusammengesetztem Inhalt oder Mehrheit von Verträgen?, Jher.Jb. Bd.48 (1904) S.453ff.

Reinersdorff, Wolfgang von: Zur Dogmatik des Einwendungsdurchgriffs, Berlin 1984

Reinicke, Dietrich/ *Tiedtke,* Klaus: Kaufrecht einschließlich Abzahlungsgeschäfte, AGB-Gesetz, Eigentumsvorbehalt, Factoring, finanzierter Kaufvertrag, Leasing, Pool-Vereinbarungen und Produzentenhaftung, 4.Aufl., Neuwied-Frankfurt 1989

RGRK, Das Bürgerliche Gesetzbuch, 12.Aufl., Berlin-New York 1974ff.

Rohlff, Reimer: Anm. zu BGH, NJW 1972, 155ff., NJW 1972, 575f.

Rother, Werner: Der Vertrag als Vertragsgegenstand, in: Festschrift für Karl Larenz, München 1973, S.435ff.

Runge, Berndt/ *Bremser,* Horst/ *Zöller,* Günter: Leasing: Betriebswirtschaftliche, handels- und steuerrechtliche Grundlagen, Heidelberg 1978

Ruppelt, Martin: Die Überlassung von Computerprogrammen: Vertragstypenzuordnung und besondere Formen der Gewährleistung, Baden Baden 1990

- Anm. zu OLG Oldenburg, CR 1989, 107ff., CR 1989, 109

Schmidt, Harry: Die Kontrolle Allgemeiner Geschäftsbedingungen in Programmüberlassungsverträgen, in: *Lehmann* (Hrsg.), Rechtsschutz und Verwertung von Computerprogrammen, Köln 1988, S.433ff.

Schneider, Hans-Jochen (Hrsg.): Lexikon der Informatik und Datenverarbeitung, München-Wien 1983

Schneider, Jochen: Praxis des EDV-Rechts: Recht der Beschaffung, des Betriebs, der Wartung und Pflege von Computeranlagen und Programmen, insbesondere EDV-Vertragsrecht, Köln 1990

- Das Fehlen der Dokumentation/Bedienungsanleitung - kein Mangel?, CR 1989, 193ff.
- Die Tücken des Leasingvertrages, ÖVD/Online 1/1989, S.44f.

Schneider, Jörg: Softwarenutzungsverträge im Spannungsfeld von Urheber- und Kartellrecht, München 1988

Schubert, Werner: Unredliches Verhalten Dritter bei Vertragsabschluß, AcP 168 (1968) 470ff.

Schwamb, Thomas: Haftungsausschlüsse bei EDV-Miete - Gleichzeitig eine Anmerkung zum Urteil des LG Essen, CR 1987, 428ff., CR 1987, 500ff.

Seifert, Peter: Die Rechtsposition des Lieferanten im Verhältnis zum Leasinggeber, FLF 1989, 105ff.

Soergel, Hans Theodor: Bürgerliches Gesetzbuch, 11.Aufl.; Stuttgart-Berlin-Köln-Mainz 1978ff.; 12.Aufl. Stuttgart-Berlin-Köln-Mainz 1988ff.

Staudinger, Julius von: Kommentar zum Bürgerlichen Gesetzbuch, 12.Aufl., Berlin 1978ff.

Sternberg, Hans Karl: Die Entwicklung der Rechtsprechung des BGH zum Finanzierungsleasing, BB 1987, 12ff.

Tiedtke, Klaus: Einkommensteuer- und Bilanzrecht, Berlin-New York 1983

Tybusseck, Barbara: Vertragsgestaltung für Computersoftware: Zivilrechtliche - insbesondere AGB-rechtliche Aspekte - der Vertragsgestaltung für Überlassung, Pflege und Erstellung von Computersoftware unter besonderer Berücksichtigung des Vertragsgegenstandes, des Fehlerbegriffs und der Gewährleistung, Diss. Konstanz 1986

Ulmer, Peter/ *Brandner,* Hans Erich/ *Hensen,* Horst-Diether: Kommentar zum Gesetz zur Regelung des Rechts der Allgemeinen Geschäftsbedingungen, 6.Aufl., Köln 1989

Vollkommer, Max: Der Schutz des Käufers beim B-Geschäft des "finanzierten Abzahlungskaufs", in: Festschrift für Karl Larenz, München 1973, S.703ff.

Vollmer, Raimund: Der ewige Kampf für die Faulheit, ÖVD/Online 10/1987, S.64ff.

Wallerath, Maximilian: Die Anwendbarkeit der §§ 469ff. BGB bei mehreren zeitlich auseinanderfallenden Vertragsabschlüssen, MDR 1970, 636ff.

Westphalen, Friedrich Graf von: Der Leasingvertrag, 3.Aufl., Köln 1987

- Rechtsprobleme des Computer-Leasing, CR 1987, 477ff.

- Zivilrechtliche und steuerrechtliche Fragen beim Software-Leasing, DB-Beilage Nr.3 1989

Westphalen, Friedrich Graf von/ *Seidel,* Ulrich: Aktuelle Rechtsfragen der Software-Vertrags- und Rechtspraxis, 2.Aufl., Köln 1989

Wittmer, Hans Rudolf: Der Schutz von Computersoftware - Urheberrecht oder Sonderrecht?, Bern 1981

Wolf, Manfred/ *Horn,* Norbert/ *Lindacher,* Walter F.: Kommentar zum AGB-Gesetz, 2.Aufl., München 1989

Wunner, Sven Erik: Die Rechtsnatur der Rückgewährpflichten bei Rücktritt und auflösender Bedingung mit Rückwirkungsklausel, AcP 168 (1968) 425ff.

Zahrnt, Christoph: DV - Verträge: Aus der Praxis - für die Praxis, München 1981

- DV - Verträge: Rechtsprobleme: Einführung in die Vertragsgestaltung, München 1985

- DV - Verträge: Gestaltung durch den Anwender: mit Vertragsmustern für den Einkauf von DV-Leistungen, Halbergmoos 1987

- DV - Verträge: Rechtsfragen und Rechtsprechung, Halbergmoos 1987

- DV - Rechtsprechung mit Erläuterungen, Band 1, München 1983

- DV - Rechtsprechung mit Erläuterungen, Band 2, München 1987

- Besondere Vertragsbedingungen für die Überlassung von EDV - Programmen, BB 1978, 133ff.

- Die Koppelung von Hardware und Software, BB 1984, 1007ff.

- Koppelung von Hardware und Software, IuR 1986, 59ff.

- Gewährleistung bei der Überlassung von Standardprogrammen, IuR 1986, 252ff.

- Anm. zu OLG Frankfurt, IuR 1987, 231, IuR 1987, 235f.
- Koppelung von Hardware und (Anwendungs-)Software, BB 1988, 1687ff.
- Anm. zu BGH, IuR 1988, 16ff., IuR 1988, 23.
- Anm. zu OLG Düsseldorf, BB-Beilage 5/1989, S.7, BB-Beilage 5/1989, S.7

Zispe, Erich: Sind Computerprogramme Anweisungen an den menschlichen Geist?, GRUR 1973, 123ff.

Sachregister

Zitiert wird nach Seiten; Hauptfundstellen sind kursiv gesetzt.

Abschlußprämien 120
Abstimmung von Hard- und Software 49, 53, 65, 67
Abzahlungskauf s. Einwendungsdurchgriff
Allgemeine Geschäftsbedingungen 76ff.
arglistige Täuschung durch Lieferant 121f., 128, *131ff.*
Aufklärungspflichten 45, 96f., 129ff.

Bedienerhandbuch 29, 84f.
- Lieferung als Hauptleistungspflicht 84f.
Bedingung, Vereinbarung einer 97, 109, 137f.
Begleitmaterial 25, *29f.*, 32f., 84f.
Benutzungshandbuch 29
Beratungspflichten 45, 96f.
Besondere Vertragsbedingungen (BVB-Computersoftware) 35
Betriebssystem s. Software
Bundling 21, *37ff.*, 54, 62, 68

Computer, Begriff 24
Computer-Generationen 17f.
Computerprogramm 25, *27f.*, 30, 32, 56, 60
culpa in contrahendo 45f., 96f., 116, 128ff., 132ff., 138

Datenfernübertragung 58
Datenverarbeitungsanlage, Bestandteile 20

einheitliches Rechtsgeschäft 22, 50, *98ff.*, 137f.
- und einheitlicher Vertrag 64f., 67, *70ff.*
- und Einwendungsdurchgriff 116
- und Geschäftsgrundlage 105f., 122
- in Mehrpersonenverhältnissen 109ff.
Einwendungsdurchgriff *111ff.*, 138
- und Abzahlungsgesetz 112, *115f.*, 117
- dogmatische Einordnung 116ff.
- beim finanzierten Abzahlungskauf 111ff., 118f.
- und Geschäftsgrundlage 117, 122, *123ff.*
- Subsidiarität 112, 114f., 120ff.
- Trennungstheorie *111f.*, 116f.

- bei Überlassung von Hard- und Software durch verschiedene Lieferanten 116ff.
- wirtschaftliche Einheit 112ff., 119f.
Elektronische Datenverarbeitung
- technische Entwicklung 17f.
- technische Grundbegriffe 21, 22ff.
- wirtschaftliche Entwicklung 19
Entwurfsdokumentation 28
Erfüllungsgehilfe, Lieferant als 81, 107f.

Fehlerbegriff in der EDV 22f.
Festwertspeicher 26
Firmware 26, 54f., 61, 136

Generalunternehmerschaft 107f.
Gesamtsystem 42f., 45f., 51, 72
Gesamtwandelungsrecht 50, *88ff.*, 94f., 102, 137
Geschäftsgrundlage, Wegfall der 22, *103ff.*, 111, *122ff.*, 137f.
- und einheitliches Rechtsgeschäft 105f., 122
- und Einwendungsdurchgriff 117, 122, *123ff.*
- und Leasing 126f.
- in Mehrpersonenverhältnissen 122ff.
Gewährleistung 47, 50f., 55, *82ff.*, 101f., 136f.

Handbuch s. Bedienerhandbuch
Hardware
- Begriff 23f.
- Hersteller 39f.
Hauptspeicher 23f.
Hinweispflichten 129ff.

Informationspflichten 45f., 134
Interessewegfall bei Teilerfüllung 83, 93, 137
Interpretation 28

Kapazitätsmängel 42, 48f.
Kompatibilität 20, 36, *42*, 92
Konfiguration 49
Konsumentenkredit 116

Lastenheft s. Pflichtenheft
Leasing 48f., 64, 78ff., 125ff.

Sachregister

- Finanzierung über verschiedene Leasinggesellschaften 22, *134f.*
- Haftung des Leasinggebers aus c.i.c. 128, *129ff.*, 135
- Lieferant als Erfüllungsgehilfe des Leasinggebers 81, 125f., 132
- Lieferant als Stellvertreter des Leasinggebers 81, 125f., 128f., 132
- Scheingeschäft 80f., 126
- von Software 78ff.
- steuerliche Vorteile 79f.
- Teilfinanzierung über 22, *125ff.*, 135, 138
- Wegfall der Geschäftsgrundlage 126f.

Lieferant
- arglistige Täuschung durch 121f., 128, *131ff.*, 138
- Eigenhaftung aus c.i.c. 128, *133f.*, 138
- als Erfüllungsgehilfe des Leasinggebers 81, 125f., 132
- als Erfüllungsgehilfe anderer Lieferanten 107f.
- mehrere Lieferanten 107ff.
- als Stellvertreter des Leasinggebers 81, 125f., 128f., 132

Maschinenprogramm 22, *27f.*, 32f.
Mikroprogramme 26
Minderung s. Gewährleistung
Mustervorschriften für den Schutz von Computersoftware 25, 27, 28f.

Nachteil s. Trennungsnachteil

Objekt Code 22
Organisationsbeschreibung s. Pflichtenheft

Peripherie 23f., 30
Personal-Computer 18, 40, 108
Pflichtenheft 28f., 32
positive Forderungsverletzung 92, 95f.
Preisgestaltung bei Hard- und Software s. Rechtliche Einheit von Hard- und Software
Programmbeschreibung 25, *28f.*, 30, 32f.
Programmdokumentation 25
Programmiersprachen 27f.
Programmlogik-Handbuch 28f.
Programmsperre 50, 95f.
Prozessor 23

Quellenprogramm 22, 27f., 32ff.

Rechenwerk 23f.
Rechenzentrum 40f.
Rechtliche Einheit von Hard- und Software 44, 47f., 52, *63ff.*, 108f., 136f.

- aufgrund äußerer Vertragsgestaltung 65ff., 68f., 136
- aufgrund technischer Abstimmung 65, 67, 75, 99
- Bedeutung der Preisgestaltung 73f., 92, 99f., 136
- Bedeutung des Verwendungszwecks 73
- beim Leasing 80f.
- und Parteiwille 69f., 136
- Trennungsklauseln 76ff., 136
- Vereinbarung bestimmter Fälligkeitsregelungen 73
- Verwendung gemeinsamer Bezeichnungen 72f.
- zeitlicher Zusammenhang beim Abschluß verschiedener Vereinbarungen 72

"ROM" 26
Rücktritt vom Vertrag 52, 101, 129
Rücktrittsrecht, Vereinbarung eines 97f., 109, 127, 129ff., 137f.

Sacheinheiten 59
Sachgesamtheiten 59
Schadensersatz 48
Software
- Anpassung 34f.
- anwendungsbezogene Kriterien 32ff.
- Anwendungssoftware 31, 36
- Begriff 24ff.
- Bestandteile 27ff.
- Betriebssystem 30f., 36, 38f., 52ff., 61f.
- Einrichtung 34
- Entwicklung 37f.
- funktionelle Kriterien 30f.
- Funktionsstörungen 42
- als Haupt- bzw. Nebensache 88f.
- Individualsoftware 32, 35f., 62, 63
- Modifikation 35
- Programmsperre 50, 95f.
- Sachqualität 55ff.
- "Software im Gehäuse" 26
- Standardsoftware 33ff., 52, 61f.
- systemnahe Software 31, 36, 62
- Systemsoftware 30f., 53
- Vergleichbarkeit mit Büchern, Videokassetten u. Schallplatten 57f.
- Verträge 21, 86f.
Source Code 22
Steuerwerk 23f.
Systemhaus 40
Systemsoftware 30f.
Systemverantwortung 21, *41ff.*, 68

Technische Einheit von Hard- und Software 44, *47ff.*, 87f., 136f.
Teilweise Lieferung 82ff.
Trennungsklauseln *76ff.*, 113, 136

Trennungsnachteil 91ff., 137
Typenkombinationsvertrag 94f.

Übersetzungsprogramm 27f., 31, 50
Unbundling s.Bundling

Vertragseinheit 21, 47ff., 63ff., 70ff., 136
Vertragsverbindung 21f., 71f.
Vertragsverletzung 50

Wandelung s. Gewährleistung
Wartung 37f.
Wartungsdokumentation 28f.
Wesentliche Bestandteile einer Sache 60f.

Zentraleinheit 23f., 30
Zusammenfassung von Vereinbarungen in einer Urkunde 65ff., *68f.*, 99
Zusammengehörigkeit von Hard- und Software 51, *89ff.*, 102, 110, 125, 137

Printed by Libri Plureos GmbH
in Hamburg, Germany